權力失衡、體系潰散、文化分裂
內部矛盾如何讓羅馬走向自我毀滅

兩度裂痕

的最後時辰——皇權膨脹下的

謝奕軒 著

千年榮光在鐵與火中迸裂，留下文明最沉重的餘音
帝國之魂雖逝，其影猶在萬國法典與城邦夢中迴響

目 錄

序言
從盛世幻影到文明警鐘：
羅馬帝國給當代的鏡鑑　　　　　　　　　005

第一章
羅馬之光：
從奧古斯都到五賢帝的世紀　　　　　　　009

第二章
皇權的重壓：
從康茂德到塞維魯斯的政治實驗　　　　　039

第三章
邊疆潰圍：
軍人皇帝時代的生存抉擇　　　　　　　　065

第四章
野心與重建：
查士丁尼的榮光與代價　　　　　　　　　089

目錄

第五章
信仰與國度：
從邊緣教派到帝國正統　　111

第六章
尤利安的逆流：
最後一位異教宗帝的挑戰　　135

第七章
分治與張力：
東西帝國的分裂根源　　157

第八章
西羅馬的斷裂：
崩壞、侵略與終局　　179

第九章
拜占庭的堅守：
東帝國的獨存與變形　　201

第十章
萬古流傳：
羅馬文明的餘緒與啟示　　221

序言
從盛世幻影到文明警鐘：
羅馬帝國給當代的鏡鑑

歷史從不只是過去的遺跡，而是現代人的一面鏡子。當我們談論羅馬帝國的興亡，無論是奧古斯都的元首政體、查士丁尼的重建野望，還是西羅馬的最後悲鳴，我們所反映出的，不只是兩千年前的帝國興替，而是當代社會對權力、制度、文化與信仰的深層焦慮。

本書旨在穿越時間的灰燼，重返羅馬帝國的歷史現場，從十個關鍵主題出發，深入探討一個文明如何從制度創新邁向秩序崩潰，如何在軍事威權與信仰整合之間尋找存續之道，又如何在表面的穩定背後孕育出無法挽回的裂痕。這不僅是一部帝國史，更是一部關於人類制度想像與文明風險的深層解剖。

我們選擇以「奧古斯都的政治創制」作為開端，是因為他不只是帝制的創始者，更是那場政治劇變的建築師。他所打造的「假共和、真皇權」體系，其影響深遠，為後續兩百年所沿用，也揭示了專制政治如何披上合法性的外衣。而進入「軍人皇帝時代」，則可見政權如何從軍事依附走向碎裂，

■ 序言　從盛世幻影到文明警鐘：羅馬帝國給當代的鏡鑑

這種權力多頭的局面，不禁讓人聯想到當代許多國家面對軍隊、國會、總統之間權力拉鋸的困境。

在信仰層面，我們關注基督教從迫害邊緣到成為帝國主流的過程。從君士坦丁頒布《米蘭敕令》到尼西亞會議的教義整合，從教會階層化到異端審判的展開，信仰從個人救贖走向制度治理，這正是宗教如何在政權手中轉化為治理工具的歷程。

當我們討論查士丁尼的帝國重建與法典編纂，不只是記錄一段榮光，更是檢視改革的代價與局限。他的對外戰爭一度使帝國領土短暫恢復，但隨之而來的財政危機、社會動盪與宗教衝突，無不提醒我們，擴張的代價，往往由後代承擔。

本書不迴避帝國的潰敗。無論是哈德良堡的災難性敗仗、日耳曼與匈人勢力的滲透，或是奧多亞塞廢黜西羅馬最後一位皇帝的歷史性終結，都讓我們看見，制度的僵化、階層的對立、軍隊的私有化與信仰的分裂，如何將一個跨世紀文明推向邊緣。

然而，羅馬並未完全消失。正如拜占庭的堅守、《查士丁尼法典》對近代歐洲法治的啟迪、羅馬建築與語言的持續影響，帝國的殘影至今仍深刻影響我們的世界秩序與政治想像。當代人仍在思考帝國遺緒：國家與宗教的邊界何在？軍事與法律如何平衡？文化統一是否意味著文化壓迫？這些問題，羅馬早已經歷，我們仍在回答。

因此，本書不只是歷史敘述，而是一場與當代世界的對話。我們希望透過每一章節、每一個故事、每一次制度崩壞的細節，讓讀者不只認識過去，更重新凝視今日與未來。正如歷史學家愛德華‧吉朋（Edward Gibbon）在其名著《羅馬帝國衰亡史》中所言：「歷史並非只是過去的知識，更是理性對未來的警覺。」

　　願這本書，成為你我面對當代動盪時，尋求理解與省思的起點。

■序言　從盛世幻影到文明警鐘：羅馬帝國給當代的鏡鑑

第一章
羅馬之光:
從奧古斯都到五賢帝的世紀

第一章　羅馬之光：從奧古斯都到五賢帝的世紀

第一節
帝制伊始：奧古斯都的創制與穩政

西元前 27 年，一位名叫屋大維（Gaius Octavius）的青年，正式獲得「奧古斯都」（Augustus）之稱號，宣告羅馬從共和邁入帝制。奧古斯都不僅是凱撒的養子，更是羅馬歷史上最成功的權力整合者。他以高超的政治手腕和遠見制度設計，打造出一套名為「元首制」（Principatus）的新體系，既避免了「獨裁」之名，又實質掌控權力，使羅馬進入長達兩百年的「羅馬和平」（Pax Romana）時期。

奧古斯都的統治之所以穩固，是因為他巧妙地融合了共和傳統與帝制權威。他並未明目張膽地廢除元老院，而是透過精密設計的權力架構，讓自己的地位合法又穩定。例如：他將軍事指揮權集中在自己手中，掌控「帝國行省」，而將風險較低的「元老院行省」交由議會管理。這種表面維持共和形式、實際由皇帝主導的做法，成功穩住政治秩序。

此外，奧古斯都深知民心與象徵儀式的重要。他大量贊助公共建設與藝術創作，例如修復神廟、興建劇場、設立祭典，讓人民在視覺與宗教層面認同帝制。他曾自豪地說：「我接手的是磚造城市，離開時已是一座大理石之都。」這不只是修辭，也真實展現他對城市規劃與帝國形象的重視。

第一節　帝制伊始：奧古斯都的創制與穩政

奧古斯都也推動道德與家庭秩序重建，透過婚姻法與忠貞政策強化貴族的家庭責任感，以穩固社會結構。雖然這些法律的實施成效有限，卻反映出他試圖以文化與倫理支撐帝國治理的企圖。

在外交方面，奧古斯都採取穩健的擴張政策。他選擇穩固既有疆域，而非無止盡地拓展領土。例如與安息帝國達成和約，和平收回凱撒時代遺失的軍旗。這種務實的策略維持邊疆安定，也避免了長期戰爭的消耗。

奧古斯都避免將皇位制度化，他自稱「第一公民」（Princeps），不使用「國王」或「獨裁官」等稱號。其繼承制度亦不明確，雖為後代皇位傳承帶來爭議，卻延續了共和體制的表面形式。

整體而言，奧古斯都的創制是羅馬政治制度最關鍵的轉捩點。他以柔性控制與象徵性權威，取代了共和體制的鬆散與軍閥割據的混亂。雖然制度並不完美，卻為帝國穩定奠定基礎。後續的皇帝，無論成功與否，都活在奧古斯都的典範陰影之下，並試圖從中尋找合法性。

這位第一位皇帝，不只是締造羅馬帝國的開端，更建立起政治、文化與軍事制度的框架，其影響深遠，跨越千年。至今仍是研究古代政治與帝國統治的重要典範。

整體而言，奧古斯都的創制是羅馬政治制度最關鍵的轉

■第一章　羅馬之光：從奧古斯都到五賢帝的世紀

捩點。他以柔性控制與象徵性權威，取代了共和體制的鬆散與軍閥割據的混亂。雖然制度並不完美，卻為帝國穩定奠定基礎。後續的皇帝，無論成功與否，都活在奧古斯都的典範陰影之下，並試圖從中尋找合法性。

這位第一位皇帝，不只是締造羅馬帝國的開端，更建立起政治、文化與軍事制度的框架，其影響深遠，跨越千年。至今仍是研究古代政治與帝國統治的重要典範。

第二節
元首與元老：共和遺緒與獨裁平衡

羅馬帝制的開端雖由奧古斯都所主導，但其制度安排充滿矛盾與巧思。表面上，他保留了共和制度的名目與形式，實際上卻創造出一套全新而穩固的個人統治架構。這種表裡不一的政治策略，是奧古斯都獨特政治美學的一部分，也成為後代皇帝合法性的重要來源。共和制度的遺緒與新帝制的獨裁性，如何達成平衡，成為羅馬歷史上最關鍵的權力轉換問題之一。

奧古斯都雖然拒絕被稱為「國王」（rex），卻接受了「第一公民」（princeps）這一稱號。他聲稱自己僅是「元老院與人民的僕人」，但在軍事、司法、宗教與行政等核心領域皆握有實權。他控制了大多數行省與軍團，並能影響所有主要官

第二節　元首與元老：共和遺緒與獨裁平衡

職的任命，甚至掌控元老院的議事流程。他的地位並非來自傳統共和選舉，而是基於對「公共安全」與「國家安定」的訴求，由人民與元老院特授特殊權力。

此一政體即所謂「元首制」（Principatus），名義上為共和制度延續，但實際上是皇帝專權的合法化機制。元老院依舊存在，且形式上仍擁有立法與諮詢職責，但其角色逐漸由實質立法機關轉為象徵性儀式機構。元老議員多為皇帝提名的忠誠派，其運作多半配合皇帝旨意，實質上成為輔佐帝制的工具。

然而，奧古斯都並未將元老院廢除，也未像尤里烏斯・凱撒般公開主張終身獨裁。他深知共和傳統在羅馬人心中的分量，因此選擇以緩進式方式改造國體。許多政策與命令都是「提案」形式經由元老院通過，營造出一種合議與法制的印象。這樣的手法降低了社會反彈，也讓傳統菁英階層感覺自己仍有參政地位，進而減少政變與叛亂風險。

在宗教領域，奧古斯都獲得了「大祭司」（Pontifex Maximus）頭銜，成為羅馬宗教最高領袖。他藉此控制宗教節慶、神殿修繕與祭司任命，進一步鞏固了皇權的神聖性。宗教不再只是社會生活的一部分，而成為國家政治的延伸與正當化工具。這使得皇帝的地位不僅政治上穩固，也具有神意授權的象徵價值。

此外，奧古斯都在司法制度上也進行重大改造。他掌控最高法院並主持重大審判，其裁決權高於一切。在帝國晚

第一章　羅馬之光：從奧古斯都到五賢帝的世紀

期，皇帝甚至逐漸取代傳統的法官系統，成為全帝國唯一具最終裁定權的個人。這樣的安排，雖保障了行政效率，但也埋下了個人專斷與濫權的可能性。

雖然皇帝權力集中，但共和形式仍在，這種制度混合性產生了高度的政治穩定性。相對於前一世紀頻繁的內戰與元首爭鬥，奧古斯都時代的政權持續性與行政秩序為人民帶來前所未有的安全感。這種「假共和、真皇帝」的模式不僅有效統合羅馬，也成為未來兩百年帝國模式的藍本。

值得注意的是，這種權力模式也非完全無爭議。部分傳統派元老與知識分子對奧古斯都的政體安排抱持懷疑，認為其破壞了羅馬的「共和精神」。詩人賀拉斯（Horace）與歷史學家李維（Livy）在文學作品中，時而以隱晦方式提及對政治集中現象的隱憂。然而，在奧古斯都巧妙的文化政策與官方敘事主導下，這類批評未能形成強烈政治阻力。

這一時期的皇權建構也展現在藝術與文化之中。從雕像到建築，從詔令到神話再詮釋，皇帝不再只是政治領袖，更是文化象徵。奧古斯都鼓勵藝術家創作頌揚皇權的作品，如維吉爾的史詩《艾尼亞斯紀》（*Aeneid*），其中奧古斯都被描繪為神祇血統的延續，是神意與羅馬榮光的具體化身。透過這些文化手段，帝制的正當性在群眾心理中深植，遠比單純法律條文更具滲透力。

從制度觀察，奧古斯都的政體設計展現出高度彈性與現實主義。他在避免觸犯共和敏感神經的同時，也確實創造出一個高度有效的統治結構。這種制度張力並非缺陷，而是使帝制得以持久的原因。透過共和遺緒與獨裁實權的融合，奧古斯都打造出一種可適應變局的政治框架。

從後世角度來看，這種矛盾式的制度安排，既展現了古羅馬對傳統的尊重，也預示了帝制難以完全合法化的結構困境。奧古斯都後的多位皇帝，皆需藉由形式上的共和承認來獲取政權認同。這種需要「偽裝合法」的制度邏輯，雖讓皇權得以延續，卻也使政治運作更加依賴個人魅力與軍事支持，而非制度穩定。

總體而言，奧古斯都所建立的元首政體，是一種在共和殘影中孕育出的新帝制，其成功之處不在於破壞舊制，而在於巧妙包裝與制度嵌合。這種政治創新成為羅馬帝國歷史上的關鍵節點，並深深影響歐洲政治制度的演變方向。

第三節　國策之道：羅馬內政的安定工程

奧古斯都之所以能被後世譽為帝國奠基者，不只是因為他巧妙建立元首政體，更因他著手實行一連串廣泛且系統性的內政改革。這些改革不僅穩定政局、強化國家治理，也為

第一章　羅馬之光：從奧古斯都到五賢帝的世紀

羅馬帝國的長期和平與繁榮奠定堅實基礎。與其說奧古斯都是一位野心勃勃的統治者，不如說他是一位細膩經營國家機器的總設計師。

首先，他在行政制度上的整頓成效顯著。在共和時期末期，由於內戰頻繁與政權更迭，地方行省往往成為軍閥割據之地，中央對地方控制力薄弱。奧古斯都將帝國行省與元老院行省區分清楚，前者多位於邊疆，軍事重要性高，由皇帝直接指派總督管理；後者多屬和平穩定地區，仍交由元老院推舉治理。如此一來，奧古斯都不但實質掌控軍政重地，也安撫了元老階層的政治敏感。這種分權不失集權的安排，使帝國行政系統運作得更為有序。

在財政政策方面，奧古斯都改革了稅收制度，設立中央與地方雙層稅制，並引進稅吏考核與查帳制度，打擊貪汙舞弊。他廢除不合時宜的古老課稅方式，改以較公平、透明的土地稅與人頭稅取代。為了減輕地方百姓的負擔，他還推行定額制稅收，避免地方官吏擅自加徵。此外，國家儲備金制度也在此時成形，確保帝國在災難或戰爭發生時具備財政緊急應變能力。

公共建設是奧古斯都內政政策中的另一亮點。他曾宣稱自己「把磚造的城市變成了大理石之都」，這不僅是誇口，也是一種治理宣示。奧古斯都投入大量資源於都市規劃與基礎建設，修建道路、水道、排水系統、市場與廣場，讓羅馬不僅是

第三節　國策之道：羅馬內政的安定工程

政治首都，更成為全帝國最現代化、最整潔的城市。這些建設提升了市民的生活品質，也象徵著帝國秩序的有形展現。

在治安與司法方面，他設立了警察與消防單位，即所謂的「夜巡隊」與「消火隊」，這是古羅馬首次由國家機關負責維護城市公共安全與災害應變。這種制度性安排，不僅強化了首都治理能力，也成為後世城市行政的範本。

奧古斯都深知「社會秩序的穩定，需要建立在道德基礎上」，因此他也積極推動社會倫理改革。他重視家庭制度與貞潔觀念，透過《婚姻法》與《貞操法》等法律，獎勵合法婚姻、生育與家庭責任，懲罰通姦與婚姻逃避。雖然這些法令實施成效有限，也引發上層社會反彈，但此舉顯示出奧古斯都試圖重塑社會風氣，建構一個具倫理基礎的帝國社會。

教育與文化政策亦不容忽視。他延攬文化菁英如維吉爾、賀拉斯、李維等文學家與史學家，鼓勵書寫歌頌羅馬與皇室的詩文與歷史敘事。這些文化產出不只是藝術創作，更是國家意識形塑的重要工具。奧古斯都甚至設立公立圖書館，推廣拉丁文閱讀，藉由文化統一鞏固國民認同。

值得一提的是，他亦改革軍政與退伍制度，設立「軍人退休基金」（aerarium militare），保障士兵服役期滿後的安置與補償。這項措施一方面提升軍人忠誠度，另一方面也減少退役軍人無所依歸而成為動亂來源的風險。奧古斯都不僅懂得如何馭兵，更懂得如何讓軍人成為國家的穩定力量。

第一章　羅馬之光：從奧古斯都到五賢帝的世紀

糧食供應亦是其內政治理的重點。他設立糧食配給制度，由國家提供一定數量的糧食給平民，避免貧民陷入饑荒或依賴富人施捨。這種制度雖可能助長民眾對政府的依賴，但在當時確實減少了社會動盪與犯罪行為，確保城市基本運作的安定。

整體而言，奧古斯都的內政改革兼具結構性與前瞻性。他並非僅滿足於表面和平，而是從制度設計、公共建設、社會道德與文化意識等層面著手，逐步打造一個穩健、文明與可持續運作的帝國。他對羅馬的貢獻，正如後世所言，不僅在於創制政體，更在於建構了一套可以運轉百年的治理模式。這樣的內政視野與行政實踐，成為後代皇帝難以超越的典範。

當我們回顧奧古斯都的治理成就，不難理解為何羅馬人在他過世後一致將其神格化，納入「羅馬神殿」供奉。他的統治並非建立在單純的權力壓制，而是在制度、文化、軍事與社會倫理等多元維度上，呈現出一個深具結構力量的政權模型。這位元首不只是開創帝制者，更是羅馬政治文明的真正工程師。

第四節　軍團秩序與帝國邊界的打造

羅馬帝國之所以能成為地中海世界的主宰，其軍事制度的高度組織化與邊疆防衛的有效性，是關鍵因素之一。奧古

第四節　軍團秩序與帝國邊界的打造

斯都執政初期即意識到軍隊並非僅為征服與擴張而設，更是帝國維繫穩定與展現統治正當性的基礎。因此，他對軍事制度進行深度重構，確立出羅馬軍團制度的長期模式，並對帝國疆域進行戰略性的整建與鞏固。

首先，在軍團組織上，奧古斯都大幅縮減兵力，將內戰期間龐大的臨時軍團裁撤，將軍隊規模精簡為大約 28 個軍團。這些軍團編制標準化、編號固定，並配有輔助部隊（auxilia）協助作戰與駐防。每一支軍團約有 5,000～6,000 名士兵，主要由羅馬公民組成，配備標準武器、制服與訓練流程。此一制度奠定日後數百年軍隊運作的根基。

奧古斯都為鞏固軍隊忠誠，推動一項關鍵制度：軍團駐防固定化。各軍團被分派至特定邊境地區駐紮，與當地建立穩定聯繫，而非隨皇帝遷移行動。他亦設立退伍軍人殖民地（colonia），讓服役期滿的士兵可在邊境地區獲得土地與定居權，既減輕中央負擔，也強化邊陲穩定，達到軍事與民政一體的策略目標。

在兵役制度方面，奧古斯都確立軍人固定服役年限，一般為 16～20 年，期滿後可領退休金或土地。他創設「軍人退休基金」（aerarium militare），由國家編列專款保障軍人退役安置，此制度有效提升士兵對皇帝與國家的忠誠度，也降低退伍軍人成為社會不安因素的風險。

第一章　羅馬之光：從奧古斯都到五賢帝的世紀

軍事體制的革新亦反映在軍紀與指揮結構上。奧古斯都對將領權限加以限制，確保軍權不再像凱撒時代一樣過度集中於個別將領之手。他親自挑選軍團指揮官，並強化與皇室的連繫，使軍隊體系高度服從中央權威，避免割據勢力滋長。這樣的改革，有效防止軍人干政，也確立軍隊作為服務國家的長期角色。

在邊疆防線的打造上，奧古斯都展現出高度務實的戰略思維。他並未一味追求領土最大化，而是根據地理條件與敵對勢力狀況，劃定可防守的疆界。例如：在歐洲北部，他選擇以萊茵河與多瑙河為天然屏障，將日耳曼地區視為防禦而非征服目標。這樣的政策雖讓部分羅馬軍方鷹派不滿，但從後來的歷史證明，這類策略性收斂更有助於維持帝國穩定與可控。

在東方，奧古斯都與安息帝國採取外交手段解決領土爭端。西元前 20 年，他成功談判使安息歸還早前戰敗中失落的軍旗與俘虜，雖非軍事勝利，但被羅馬人視為重大國威挽回行動。奧古斯都亦以此為契機，強化其和平締造者的形象，建立起皇帝與和平、軍事勝利的象徵連結。

帝國邊疆的駐防策略亦涉及築城與道路建設。他在邊防地區廣設堡壘、瞭望塔與要塞，並建造軍用道路以便快速調派兵力。這些基礎設施不僅服務軍事用途，也帶動地方經濟與城市發展，使軍事區域逐漸轉化為社會秩序的一部分，強化羅馬對地方的統治力。

第四節　軍團秩序與帝國邊界的打造

　　奧古斯都也開始發展「邊疆軍區」（limes）概念，雖非完整邊牆，但透過一系列軍事設施形成防禦體系，日後成為哈德良長城等更成熟邊防政策的前身。這樣的建設概念展現出羅馬人對地理與空間的深刻理解，展現他們將軍事力量與空間治理結合的高明策略。

　　不僅如此，奧古斯都更藉由軍事儀式與公共圖騰將軍權與皇權合而為一。他在羅馬城設立許多軍事紀念空間，展出與安息交涉收復軍旗的雕像與浮雕，同時在安那托利亞的安克拉城刻立《奧古斯都功業錄》（*Res Gestae Divi Augusti*），全面記錄其軍事與外交成就。這些象徵性建築與文獻成為凝聚軍隊精神與傳遞皇室形象的重要工具。

　　總體來說，奧古斯都對軍事與邊疆治理的調整，並非僅為應對內戰後的餘震，而是重新定義羅馬軍隊在和平時代的功能。他將軍隊從征服機器轉變為邊疆守護者，並透過制度與象徵全面整合軍事與帝國建設，為羅馬的軍事體制注入全新方向。這種軍事轉型模式，不僅使帝國維持兩百年的和平，更為後世塑造出帝國國防的藍圖，成為古代國家治理的典範之一。

■ 第一章　羅馬之光：從奧古斯都到五賢帝的世紀

第五節　行省制度與地方治理的革新

奧古斯都鞏固政權的另一項重大成就，在於他對帝國廣大領土的治理進行全面改革。羅馬帝國疆域遼闊，各地風俗、語言與行政傳統迥異，若無一套有效的地方治理制度，帝國將難以長久維繫。奧古斯都深諳此理，遂著手建立分層分權的行省制度，並透過整頓地方行政、財政、軍事等各層面，使帝國結構更為穩固與高效。

首先，他將全帝國劃分為兩類行省：一為由皇帝直接控制的「帝國行省」，另一為由元老院管理的「元老院行省」。前者大多位於邊疆地區，軍事戰略價值高，駐有軍團；後者則多為內地穩定區域，軍事壓力較小。這種分別不僅讓奧古斯都掌控了帝國的軍事核心，也讓元老院在形式上保有一定尊嚴與行政參與。

每個行省皆由總督（praeses 或 proconsul）負責治理，但其任命方式依省類而異。帝國行省總督由皇帝親自指派，對皇帝直接負責；元老院行省總督則由元老院推舉產生，仍需獲得皇帝同意。這套制度既避免了元老院的全面邊緣化，又確保了地方軍政的忠誠指向中央。

奧古斯都重視地方治理效能，因此明定總督任期通常不得超過一年或數年，避免長期任職導致地方勢力坐大。他也派遣巡察官與密使不定期前往各省，監督地方官員執政狀

第五節　行省制度與地方治理的革新

況，確保中央能有效掌握地方實情。這種制度設計，有效抑制了貪汙腐敗與官吏專斷，也為後世奠定了巡察制度的雛形。

在地方稅制方面，奧古斯都進行改革，避免以往地方稅吏橫征暴斂的情況。他實施標準化的稅收機制，要求行省依照人口與土地面積繳納固定稅額，並設立專責財政官員監督執行。他還設置中央財庫（aerarium）與皇室庫房（fiscus）並行制度，財政權限更加清晰。這種財政改革不僅提高稅收效率，也減輕人民負擔，提升帝國整體經濟穩定性。

奧古斯都對行省治理也極重視法律與秩序的維持。他推動司法制度在行省的延伸，任命具法律訓練的總督處理民事與刑事案件，並要求其裁決須根據羅馬法精神執行。地方居民可依法向總督上訴，甚至在某些情況下向皇帝請願。這套制度提升了法律的統一性與公平性，也強化了羅馬法律文化在帝國內部的滲透力。

為了促進行省與中央的連繫，奧古斯都整頓交通體系，修築通往各省的道路，連接羅馬與主要城市。他也設立郵遞制度，使皇室詔令與官方文件能夠迅速送達各地，提升行政效率與資訊掌控力。這套制度讓中央政府不再對地方資訊失靈，有助於即時處理邊疆問題或地方糾紛。

奧古斯都並未忽視行省居民的文化差異與傳統習慣。他在治理上採取尊重在地宗教與習俗的態度，僅要求其效忠皇帝與納稅。許多行省保留當地語言與節慶，並逐步接受拉丁

第一章　羅馬之光：從奧古斯都到五賢帝的世紀

語與羅馬法律。這種文化漸進融合的策略，不但減少地方反抗，也促進了帝國內部的多元共存。

此外，奧古斯都設立退伍軍人安置地區於各行省，將軍人家庭移居地方，帶動在地開發與羅馬文化傳播。這些軍人殖民地成為羅馬化的前哨，亦穩定邊疆治安與貿易活動。許多地方城市在此時開始出現羅馬式劇場、市集與澡堂，逐漸展現出帝國文明的統一風貌。

總體而言，奧古斯都透過對行省制度的縝密設計與地方治理的穩健實踐，使原本鬆散的共和體制轉變為高效率的帝國管理架構。他不僅建立中央與地方之間的清晰分工，也在行政、司法、財政與文化多方面實現帝國整合。這種分層治理模式，為後續數百年帝國政務運作提供了典範，也讓奧古斯都在歷史上贏得「建國者」的聲譽。

第六節　語言、文化與法治的整合路徑

奧古斯都的治下，羅馬帝國雖然疆域遼闊、族群多元，但其統治之所以得以穩固長久，除了行政與軍事制度的成功設計外，更關鍵的因素在於語言、文化與法治三者的系統整合。這種整合不以強制同化為手段，而以穩步推廣、尊重多元為原則，逐漸構築起一種具有共通語境與秩序感的帝國文明。

第六節　語言、文化與法治的整合路徑

　　首先，在語言政策方面，拉丁語逐漸成為西部行省的行政與法律語言。奧古斯都並未以強制方式取代當地語言，而是透過行政、軍事與教育機構的傳播，促使拉丁語成為官僚書寫與公共溝通的標準語言。在東部行省，尤其是希臘文化深厚地區，希臘語仍廣泛使用，羅馬政府允許其作為文化與教育語言保留。這種雙語並行的政策，實際上促進了帝國內部的語言多元與高層協作，讓各族群在不喪失本身語言文化的情況下，仍能融入帝國體制之中。

　　透過這種語言上的靈活策略，奧古斯都得以在行政層面維持效率，在文化層面展現寬容，並在軍事上統一命令與操作語言。拉丁語逐步進入學校、法庭、軍營與市政廳，不僅推動了羅馬式教育，也逐漸建構起帝國的語言共同體，形成一種橫跨區域與階級的語言聯結。

　　其次，在文化層面，奧古斯都透過文藝、建築與公共節慶等方式，推動「羅馬文化」的象徵輸出。他贊助詩人與史學家書寫羅馬歷史與神話，強化民族認同。他興建劇場與競技場，使羅馬娛樂文化擴及行省。他也重整宗教體制，讓傳統神祇的崇拜與皇室形象融合，在各地推動對奧古斯都本人的尊崇。

　　這些文化輸出形式不僅限於首都，亦延伸至行省。許多地方城市開始模仿羅馬的建築風格，興建公共浴場、市集與神殿，逐漸形成具有羅馬特色的城市文化樣貌。奧古斯都透過文化象徵的布局，使羅馬的城市理念深入地方生活，進一

第一章　羅馬之光：從奧古斯都到五賢帝的世紀

步強化帝國中心的認同感與號召力。

在法律方面，奧古斯都推動羅馬法的整合與普及，強調法律在維持秩序與正當統治中的核心地位。他重視法官的選任與培訓，使得行省的司法裁判逐步納入羅馬法框架之中。雖各地仍保有若干本地習慣法，但在重大案件與公民訴訟中，羅馬法成為主要依據。

這套法律整合策略提升了帝國的統一性與可預測性，使得人民無論身處何地，都能依循一套共同準則處理爭端、保障財產、調解契約關係。法律的制度化，不僅確保了政權的穩定，也培養了民眾對「帝國正義」的基本信任。

奧古斯都同時鼓勵地方城市申請成為「自治市」，在保有部分內政與習俗的情況下，接受羅馬的法律與行政規範。這種半自治制度促使當地菁英階層主動配合羅馬政府，也讓地方在接受羅馬治理時，感受到參與和尊嚴。此種策略比起強制統一更有效促進穩定與忠誠。

在宗教與價值層面，奧古斯都也逐步重建傳統道德觀與社會規範。他強調家庭忠誠、節制與公民責任，並透過宗教祭典與公共儀式重申羅馬人對國家的義務。宗教不僅是信仰形式，也成為法律與文化的輔助支柱，強化集體意識與社會秩序。

語言、文化與法律的整合，不僅是帝國行政效率的展現，更是建立長期認同的關鍵。奧古斯都並未用一種單一文化或語

言壓制多元,而是在尊重差異中推動共同規範,在分層治理中建構帝國共同體。這種整合模式,不但支撐帝國兩世紀的和平繁榮,也為後世多民族國家的治理提供了歷史借鏡。

總結而言,奧古斯都深知治理不止於政令與軍事,而須涵蓋語言的傳播、文化的培養與法律的教化。他的整合策略不著痕跡地將多元凝聚為秩序,使羅馬不只是疆域龐大的帝國,更是一個有共同語言、價值與法制的文明整體。這種制度設計與文化經營,正是羅馬能持續延續其影響力的根本原因之一。

第七節　社會階層與奴隸經濟的雙面影像

羅馬帝國在奧古斯都治下進入穩定階段,其社會結構也趨於制度化與層級分明。整體社會可大致區分為貴族、公民、自由民與奴隸等階層,各自扮演不同角色,構成帝國龐大社會機器的齒輪。在這樣的體系中,階層固化與社會流動共存,奴隸制度則同時代表了經濟命脈與人性矛盾。

首先,社會最上層為貴族階級,包括元老院成員與騎士階層。這些人不僅擁有龐大的土地財產,亦參與政治決策與高階行政。他們的社會地位來自血統、資產與政治人脈,在公共場合穿著象徵尊榮的紫色鑲邊長袍,展現階層區隔。

第一章　羅馬之光：從奧古斯都到五賢帝的世紀

　　其次是一般羅馬公民，分布於城市與鄉村，從事農業、手工業與中下層行政職務。他們擁有投票權、可參與軍役，並享有法律保護。在奧古斯都時期，政府積極安撫此階層，例如推行糧食配給、提供娛樂設施與公共建設，使其對帝制抱持支持態度。

　　自由民則為曾為奴隸、後來獲得自由者。他們雖已脫離奴役身分，但在社會地位上仍低於一般公民，許多職業受限。然而，他們可合法結婚、生育子女，並且下一代若出生於自由狀態，便可晉升為完全公民，象徵社會流動的可能性。這種制度一方面維持階層秩序，另一方面也激勵奴隸服從與希望。

　　奴隸階層則是羅馬社會最龐大但最沉默的一群。他們來源廣泛，包括戰俘、被販賣者、負債之人甚至因犯罪而喪失自由者。奴隸在城市中從事家務、教育、醫療、文書與商業輔助；在鄉村則從事勞力密集的農耕與牧畜。他們無法律地位，無人格權，完全由主人主宰命運。

　　然而，羅馬奴隸制度具有某種「制度化開口」：主人可依法釋放奴隸，使其成為自由民；部分奴隸甚至在家族中扮演親密角色，擔任祕書、教師或托兒者。這種制度不僅使奴隸具備有限向上流動的可能，也讓主人在經濟與道德壓力之間尋求平衡。

第七節　社會階層與奴隸經濟的雙面影像

　　奧古斯都並未廢除奴隸制度，但他在社會秩序與奴隸管理上進行一定規範。例如規定主人不得隨意虐殺奴隸，奴隸若遭不當對待可向公共官吏求援，這在當時雖屬形式制度，但在法律層面已為後來人權觀念埋下伏筆。他亦推行奴隸釋放手續合法化，明確規範釋放後的身分與義務，避免產生社會爭議。

　　此外，奴隸市場與貿易成為帝國經濟的重要支柱。羅馬城市生活在相當程度上依賴奴隸支撐：無論是經營商店、管理倉庫、打掃浴場或教授子女，奴隸幾乎無所不在。農業大莊園更仰賴大量奴隸從事長期勞動，支撐糧食與商品的產出。這種高度依賴奴隸的經濟模式，在短期內有效擴張生產力，卻也使社會底層壓力難以消除。

　　在文化層面，奴隸的存在被賦予各種複雜的想像。文學作品中，奴隸既可能是忠僕智者，也可能是陰險狡猾之徒。這種形象的兩極化，反映出上層社會對奴隸的依賴與恐懼共存。戲劇中常見奴僕出謀劃策戲弄主人，成為觀眾發洩社會不滿的窗口。

　　儘管奴隸處於最底層，但其對帝國整體運作的貢獻不可忽視。他們不僅是經濟勞動力，更間接促成城市生活的持續運作。即便在最沉重的壓迫下，仍有奴隸以才智與忍耐換得自由，成為自由民甚至富商的歷史紀錄並不罕見。

　　綜合而言，奧古斯都時期的羅馬社會階層明確但具有一定流動空間，奴隸制度雖殘酷，卻也內含一定程度的制度化

調節與規範。這種雙面影像構成了羅馬帝國社會的複雜樣貌：一方面以等級穩固秩序，一方面又保留向上流動的希望。此種社會設計，既穩固了政權，也在歷史上留下階級與人權並存的矛盾注腳。

第八節　公共建設與城市文明的高峰

奧古斯都在穩定國內政局、重整軍政制度的同時，也極為重視城市發展與公共建設。他深知城市不僅是統治的舞臺，更是彰顯政權合法性與文化力量的具體場域。透過一系列浩大工程與都市規劃，奧古斯都成功將羅馬從內戰餘燼中再造為宏偉之都，亦為各行省城市樹立模範。公共建設與城市文明的提升，成為他統治理念的重要展現，也是他留給後世最具象徵性的政治遺產之一。

奧古斯都本人曾言：「我接手的是磚造的城市，離開的是大理石的城市。」這並非浮誇之語，而是具體執政成果的寫照。他重建因內戰而破敗的建築物，廣設神廟、劇場、集會所與紀念碑，並整治街道、水道與排汙設施，使羅馬市容煥然一新。這些建設不僅改善居民生活品質，也形成象徵性的政治空間，讓人民在日常生活中時時感受帝制的存在與秩序。

第八節　公共建設與城市文明的高峰

其中最具代表性的工程之一，是對萬神殿、和平祭壇與馬賽劇場等空間的重建與新建。奧古斯都將自己的名號與這些建設結合，形塑出皇權與公共利益一致的形象。皇帝不是坐擁宮殿的統治者而已，更是親民造福的城市營造者。這種建設策略，潛移默化地將皇帝塑造成市民生活的保障者，進一步鞏固其合法性。

除了中央城市羅馬，奧古斯都也重視各行省城市的建設與發展。他鼓勵在行省推廣羅馬式建築與城市格局，包括方格狀街道、中央廣場、公共浴場與劇場等，並派遣建築師與工匠至各地支援工程。透過這種制度性輸出，羅馬城市文明逐步在整個帝國內部擴散，城市不再只是地方權力的表現，更是帝國文化統一的象徵。

城市建設亦緊密連結到行政效率與軍事布防。道路系統的規劃連結了城市與城市、城市與軍營，使中央政府能迅速調度人力與物資，行省總督也得以有效施政。郵遞系統的建立更是將各地政令與報告串連起來，維繫帝國廣袤空間內的溝通順暢。

奧古斯都對公共空間的整體規劃極具前瞻性。他設置多處集會廣場與市場，提供市民集會、貿易與社交場域。這些空間不僅實用，亦成為帝國理念的展演平臺。雕像、碑文、凱旋門等象徵物隨處可見，強化人民對政權的視覺認同。這種公共建設的象徵功能，遠超於單純的基礎設施，其潛在意

第一章　羅馬之光：從奧古斯都到五賢帝的世紀

涵深深影響後代城市規劃的思維模式。

值得一提的是，奧古斯都關心人民的居住與生活品質。他設立糧食配給制度與免費公共娛樂，讓平民百姓能獲得基本生活保障。他規範建築法令，避免違章建築與擁擠街道引發火災，並強化夜間巡邏制度與消防機制，維護市區安全。這些制度設計兼顧民生與治安，展現出帝國治理的人文面向。

宗教與紀念性建築在奧古斯都時代也獲得極大發展。他重修維斯塔神廟、建造皇室宗廟與祖廟，並將自己祖先神格化，納入官方崇拜體系。這些建設不僅反映奧古斯都對傳統的尊重，更透過空間形式將宗教、歷史與皇權緊密融合，讓人民在日常參拜與節慶中內化帝國意識。

公共建設的成果，最終轉化為一種全方位的城市文明。人民在整潔的街道行走、在廣場中交談、在劇場觀賞表演、在澡堂洗滌身心，無一不是羅馬文明的實踐者。城市成為帝國制度與文化的縮影，也是民眾歸屬感與自豪感的來源。

總結來看，奧古斯都的公共建設策略，不僅止於修築建物，更是一套城市治理、文化形塑與政權穩固的整體構想。他將帝國的理念具象化於城市空間之中，使統治不僅可見、可觸，亦可參與。透過城市文明的高峰，他不僅重建了羅馬，更重建了羅馬人的集體身分與信念。

第九節　五賢帝的黃金傳承與政治節制

　　羅馬帝國在奧古斯都創制之後，經歷數任皇帝的更替與制度調整，逐步邁向一個被歷史學家稱為「五賢帝時代」的政治高峰。這一時期通常指的是從涅爾瓦（Nerva）到馬可‧奧理略（Marcus Aurelius）為止的近百年間，其政局穩定、對外擴張有限、內政改革持續，為羅馬帶來空前的黃金時代。這五位皇帝雖非血緣相傳，但其治國理念與繼承機制的自覺選擇，展現出一種罕見的政治節制精神。

　　五賢帝制度之所以備受稱頌，部分原因來自他們以養子制度取代家族繼承。涅爾瓦作為此體制開創者，選擇哈德良（Hadrian）的前任圖拉真（Trajan）為養子，開啟由德才與政績決定繼承人的慣例。這種非血緣傳承制度降低了皇位爭奪的暴力風險，使政權交替更具理性與穩定性，也讓皇帝有動機培養後繼者，而非任其自然發展。

　　這五位皇帝在政治上多半節制保守，避免濫用權力。圖拉真雖對外發動數場戰役，但對內嚴謹治政，尊重元老院，推動公共工程，提升基礎建設與社會福利。他興建道路、水道、廣場與市場，使羅馬與行省的連結更加緊密。其統治風格以「親民與節用」著稱，在位時期成為帝國的領土極大值。

　　哈德良則轉向收縮戰線，採取穩守邊疆的策略，修築防禦工事以保衛既有疆界。他亦重視地方文化與宗教自主，尊重行

第一章　羅馬之光：從奧古斯都到五賢帝的世紀

省習俗，強化司法與行政改革。這種治理哲學延續奧古斯都強調秩序與包容的精神，使得帝國在多元中達成相對平衡。

安敦寧‧畢尤（Antoninus Pius）在位期間幾乎未發動對外戰爭，其統治重點放在法制建設與社會福祉。他改革司法系統，保障審判公平，並完善孤兒救濟、糧食配給等政策，使平民生活更具安全感。這段時期社會穩定、稅收正常，被後世譽為皇帝治理的典範。

馬可‧奧理略則兼具哲學家與統治者的雙重身分，他以理性與自省精神治國，雖因外族入侵與瘟疫困擾，使得晚期政局出現挑戰，但其秉持節制、誠信與法治的統治理念，仍深受臣民尊敬。他的《沉思錄》流傳後世，成為哲學與政治倫理的經典。

五賢帝之所以能實現政權的和平轉移與穩定統治，關鍵在於他們共同秉持一種節制與責任感。這不僅是一種個人美德，更是一套制度性的選擇。他們在位期間，普遍尊重元老院、不濫用財政資源、不鼓吹個人崇拜，且強調法律、公義與人民福祉，與早期暴君型皇帝形成鮮明對比。

此外，五賢帝所建立的治理模式，也在行省管理上達到高峰。他們鼓勵地方自治、培養本地菁英參政，減少強制同化，使羅馬體制更能融入各地實際情況。在語言、信仰與法律實施上，他們推動實用而非形式上的統一，使行省居民感受到尊重與參與感。

第十節　從共和遺夢到帝國秩序的歷史成形

　　從制度觀察，這段時期的政局穩定，很大程度上得益於「德才繼承」與「節制治國」兩項原則的貫徹。皇位不再是任人爭奪的權力標誌，而是需要通過長期培養與政治判斷得來的責任重擔。五位皇帝都以自身行動示範何謂良政，並為後人留下無形典範。

　　然而，這段黃金時代最終仍在馬可・奧理略過世後告終，因其子康茂德繼位後的暴政終結了五賢帝的治理傳統。這突顯出制度若無延續性保障，即使再理想的時期也難免結束。

　　總結而言，五賢帝時期是羅馬帝國政治文明的高光時刻。其政權交替的制度化、治理方式的理性化，以及對法律與文化的重視，皆展現出奧古斯都創制以來最成熟的延續。這段歷史不僅展示了羅馬政治可能性的最高成就，也為後世提供了節制與責任的統治典範。

第十節
從共和遺夢到帝國秩序的歷史成形

　　羅馬帝國自奧古斯都開創元首政體以來，經歷制度調整與實踐修正，逐步脫離共和體制的運作邏輯，轉而形塑出屬於帝制的獨特秩序。從表面維持的共和樣貌，到逐漸確立的

第一章　羅馬之光：從奧古斯都到五賢帝的世紀

皇權運作模式，歷經數代皇帝尤其是五賢帝的努力下，帝國不僅形成穩定的行政結構，也在政治文化與社會認知上，完成從共和到帝制的歷史轉換。

共和制度雖在名義上未曾廢除，元老院依然存在、選舉制度亦有運作，但其在奧古斯都之後已逐漸喪失實質權力。元首不再是名義上的第一公民，而是實際上擁有最高軍事與司法權的最高統治者。皇帝的詔令具法律效力，其人身幾乎不可侵犯，神格化的趨勢也逐步增強。這些變化代表共和制度的精神已不復存在，而帝國秩序則成為事實上的運作基礎。

從政治文化面觀察，羅馬社會在數十年的穩定中，逐漸接受並認同元首制度。公民對元老院的參與熱情下降，轉而將注意力集中於皇帝本身的德行與施政。朝廷禮儀、公共建設與官方文告等政治象徵，皆圍繞在皇帝權威之上，使得羅馬政治文化自共和參與邏輯轉向單一中心的期待與崇敬。這種轉變雖非一朝一夕完成，卻在制度實施與文化輸出中潛移默化地定型。

法律體系的發展也加速了帝制秩序的確立。皇帝開始親自參與法律頒布與判決，逐步奪取過往元老院與民眾集會的立法權。司法機構多聽命於皇帝委派的法官或省長，皇帝本人甚至成為最高上訴機關。當法制逐步集中於元首之手時，「皇帝即法律」的思維悄然成形，為帝制合法性提供深層支撐。

第十節　從共和遺夢到帝國秩序的歷史成形

　　社會結構方面，階層制度與官職等級日益明確。由皇帝任命的官僚體系擴張，各省總督與城市行政長官皆需對皇帝負責。市民的上升途徑不再依賴傳統選舉與元老院任命，而取決於皇帝的賞識與推薦。這使得帝國秩序從上而下運作，削弱了地方自主與共和理念，卻強化了行政效率與服從體制。

　　宗教政策也配合皇權鞏固同步調整。從奧古斯都開始，皇帝逐漸取得「大祭司」職位，成為宗教儀式的核心人物。神廟與祭典多以皇帝之名舉辦，人民對皇帝的崇敬漸具宗教性質。雖未達完全神化，但政治與宗教結合趨勢明顯，奠定後來皇帝神化儀式與皇室神殿的制度基礎。

　　五賢帝時期更鞏固了這套帝制運作邏輯。他們在延續元首政體形式的同時，將皇權制度化、官僚體系專業化、法律執行規範化，使帝國政治體制進入成熟階段。他們雖強調節制與理性統治，但本質上仍承繼並強化了奧古斯都所奠基的帝制傳統。

　　此種帝制秩序非以專制為名、也非以暴力立權，而是透過逐步調整、文化建構與社會習慣的養成，形成一種不需強制便能運行的穩定體系。人民不再懷念共和的激烈辯論與政治不確定性，而在皇帝提供的秩序、和平與榮耀中，建立起對體制的接受與忠誠。

　　從歷史角度來看，羅馬帝制之所以能穩固長達數世紀，不僅因軍事與行政力量的集中，更因其掌握人心與文化的機

■第一章　羅馬之光：從奧古斯都到五賢帝的世紀

制設計。透過象徵、制度與日常生活的滲透，帝國成功將統治正當性從共和遺緒轉化為帝制共識，使帝國不僅存續，更在文明上持續影響後代。

　　總結而言，從奧古斯都起步、經由五賢帝的鞏固，羅馬完成了從共和夢想到帝國秩序的歷史定型。這一過程不只是政體轉換，更是一場長達百年的文化與認同重塑工程。共和雖未消失於語言，但帝制早已成形於制度與人民心中，構成歷史上一段最持久也最具啟示性的政治形態。

第二章
皇權的重壓：
從康茂德到塞維魯斯的政治實驗

第二章　皇權的重壓：從康茂德到塞維魯斯的政治實驗

第一節　康茂德的即位與暴政開端

西元 180 年，五賢帝時代劃下終點，馬可·奧理略的親生兒子康茂德（Commodus）繼位，羅馬帝國自此走入截然不同的歷史軌跡。康茂德是第一位由生父親自傳位的皇帝，這一變化打破了五賢帝時代以養子制為基礎的「德才繼承」傳統，象徵著帝國由選賢與能轉為家族血統世襲的政權模式。

馬可·奧理略在世時已深知康茂德性格不穩，然而在權力傳承的現實考量下，他仍選擇將皇位交給兒子。康茂德即位之初，仍延續其父留下的政務與顧問班底，政局看似平穩。然而這樣的穩定很快便被康茂德本人的性格與政策所破壞。他對帝國事務缺乏興趣，將大權交予寵臣，尤其信任侍從與私黨，甚至將朝政委由宮內太監與宮廷侍官處理，導致中樞權力遭到操弄。

康茂德對元老院極不尊重，逐步剝奪其影響力。他視元老為政敵，經常無預警地下令逮捕、處決，或以莫須有罪名予以打壓。許多有聲望的元老與行政官在此時期遭清洗，羅馬政壇籠罩著恐懼與不安。在他執政的十四年間，元老院的地位徹底崩解，帝國從一個形式上的共和轉為由皇帝意志主導的獨裁國體。

康茂德的統治風格異於前人，他不僅視皇位為權力象徵，更將自身塑造成超越人間的存在。他迷戀格鬥場上的角

第一節　康茂德的即位與暴政開端

鬥士文化，甚至親自參與比賽，穿上角鬥士裝束出場。他自封為「赫丘利的再世」，命人將其雕像與希臘神話英雄相提並論，並要求百姓在公共場合呼喊其神名。這種極端自我神化與崇拜行為，讓許多元老與官員難以接受，導致政權與貴族階層之間的隔閡更加深。

除了政治上的獨斷與宗教自我崇拜，康茂德在財政與軍事上的施政也備受批評。他大肆舉辦公共慶典與競技表演，耗費龐大國庫資源，甚至為了資金挹注而賣官鬻爵，導致地方官吏水準低落且貪汙成風。他對軍隊的統御鬆散，極倚賴禁衛軍的保護，卻未能維持其紀律與忠誠。軍隊內部日益腐化，成為朝廷權力鬥爭的重要工具，為日後帝位不穩埋下伏筆。

康茂德的統治對羅馬社會產生嚴重影響。朝廷政治化為宮廷鬥爭，皇室成員與寵臣為求生存互相揭發；貴族與平民之間的信任關係崩潰；公共治理與地方行政陷入無序。社會治安惡化，商業活動受限，農業與貿易萎縮，整體國力呈現衰退趨勢。

在執政後期，康茂德更加偏執與暴戾。他四處猜忌、濫殺無辜，不信任任何人，最終連其親信也開始對他產生恐懼。西元192年12月31日，在一場由近臣與禁衛軍官聯手發動的宮廷政變中，康茂德被刺殺身亡，結束了十四年惡政。

康茂德的死亡雖暫時為羅馬政局帶來轉機，但也揭示了更深層的問題：皇權若無制度約束，將可能迅速滑入專斷與

■第二章　皇權的重壓：從康茂德到塞維魯斯的政治實驗

失序。康茂德的即位雖是皇室繼承的合理延伸，卻也讓五賢帝以來建立的政治節制機制土崩瓦解。他的失敗統治，成為後人反思皇位繼承與權力監督問題的典型案例。

總結而言，康茂德的統治不只是個人暴政的歷史記錄，更是一場制度崩壞與政治文化退化的警訊。他的即位，終結了理想政治的黃金時代，開啟了帝國走向專制與動盪的新時期。這一段歷史，不僅為後來的政權更替鋪設前景，也成為帝國從盛世滑向危機的起點。

第二節　禁衛軍的腐敗與帝位拍賣

康茂德被暗殺之後，羅馬帝國面臨一場空前的權力真空與合法性危機。這場政變並未帶來穩定，反而揭開了禁衛軍干政時代的序幕。作為守衛皇宮、保護皇帝安全的精銳部隊，禁衛軍原本是帝國軍事與政治秩序的重要支柱。然而，從西元193年開始，他們的角色急遽轉變，從軍隊中立者淪為帝位操控者，甚至將帝國最高權力視為可供競價的財產。

康茂德死後，元老院迅速推舉年長且品德端正的佩蒂納克斯（Pertinax）為新任皇帝，期望他能恢復五賢帝的治理風格與制度節制。然而，佩蒂納克斯的即位未經禁衛軍同意，且他上任後大刀闊斧整頓軍紀與財政，削減禁衛軍特權與賄

第二節　禁衛軍的腐敗與帝位拍賣

賂，使這支部隊極為不滿。短短三個月內，他即遭禁衛軍暴力殺害，成為羅馬史上少見的政治清流遇害案例。

佩蒂納克斯之死暴露出禁衛軍對帝位合法性的深度干預，也象徵著軍事權力對文官體制的全面凌駕。更令人震驚的是，禁衛軍竟公開拍賣皇位，允許出價最高者獲得皇帝頭銜。這場歷史上極為罕見的帝位拍賣最終由塞維魯斯的對手之一——狄狄烏斯・尤利安努斯（Didius Julianus）得標，他承諾給予每名禁衛軍高額賞金，藉此「購得」皇位。

尤利安努斯的上臺並未獲得人民與元老院支持。他缺乏軍事基礎，也無實質政績，僅是靠金錢與恐懼維繫短暫權力。他的統治象徵著皇位價值的空前貶抑，更使帝國政治淪為赤裸裸的金權遊戲。當禁衛軍開始主導皇位選擇，整個帝制制度的穩定性遭受根本動搖，民心浮動，地方軍團亦對中央的合法性產生懷疑。

尤利安努斯執政僅六十六天，便被軍隊擁立的新興將領塞提米烏斯・塞維魯斯（Septimius Severus）擊敗。這場政治顛覆不僅是軍事實力的展示，更是禁衛軍無能控制局勢的寫照。塞維魯斯進入羅馬後，立即對禁衛軍進行整頓，他以「買賣皇位、背叛國家」為名，處決尤利安努斯並解散原禁衛軍，換上來自多瑙河軍團的親信部隊重建。

這場帝位拍賣事件在歷史上留下深刻陰影。它顯示出當軍事機構失去政治中立時，政權的合法性將瞬間崩解。禁衛

第二章　皇權的重壓：從康茂德到塞維魯斯的政治實驗

軍由保衛者變為破壞者，不僅粉碎了皇權神聖的形象，也讓帝國進入權力爭奪與軍閥主政的新階段。

值得注意的是，禁衛軍之所以能對帝位予取予求，並非偶然，而是長期以來軍隊過度政治化、皇帝對其討好安撫的結果。在五賢帝時期，禁衛軍雖有權力，但仍受節制與制度監督。然而從康茂德以來，禁衛軍特權不斷膨脹，直至失控。佩蒂納克斯雖有意糾正，但其理想終究敵不過實力政治的殘酷。

這段歷史讓羅馬政界與民間逐漸認知到，若無法建立超越個人軍事效忠的政治秩序，帝國政權將淪為各地軍團角力的舞臺。禁衛軍的腐敗與帝位拍賣，不僅導致短期政權更替，也揭露出羅馬帝國深層制度性問題：皇權無節制、軍隊無監督、政體缺乏繼承共識。

總結而言，西元193年的政變與拍賣事件，為羅馬帝國敲響警鐘。這場羞辱性的權力轉移不只是康茂德暴政的延伸，更是整個皇權體制潰散的開端。帝制雖未立即瓦解，但其內部的合法性已出現明顯裂痕，而重建帝國穩定，將需從軍政關係與權力制衡著手。

第三節　佩蒂納克斯改革的短暫曙光

在康茂德被暗殺、元老院重獲一絲主導權之際，佩蒂納克斯（Pertinax）以其正直與德行被推舉為皇帝，象徵著五賢帝政治遺緒的最後回光返照。這位年邁的元老出身者，被寄予厚望，希望他能修復康茂德造成的政治裂痕，重建帝國的法律與道德秩序。

佩蒂納克斯登基時已年近七十，為人廉潔寡欲、律己甚嚴。他出身軍旅，歷任各地總督，熟悉行省治理，深得士兵與平民敬重。他即位後立刻展開一系列改革，內容涵蓋財政整頓、軍紀重整、行政清廉、法制修復等，展現強烈恢復秩序的意志。

首先，他致力於恢復國庫財政紀律。康茂德時期國庫虧空嚴重，佩蒂納克斯下令收回被貪官與宮廷寵臣侵吞的財產，重新分配國有資源。他減少宮廷開支，限制不必要的典禮與奢華支出，並重啟稅收制度的合理審查，力圖恢復帝國的財政正軌。

在軍事上，他意圖恢復軍紀，禁止軍中收受賄賂與濫用特權。他對禁衛軍態度明確，要求其服從軍紀、不得干預政事。他堅決拒絕以金錢賄賂軍隊換取忠誠，認為軍人應以責任與榮譽為本。然而，這項原則性的堅持卻也成為其致命弱點。

第二章　皇權的重壓：從康茂德到塞維魯斯的政治實驗

　　佩蒂納克斯也致力於法治重建，他重新啟動司法審判流程，選拔清廉且具法學素養的法官，並下令審查康茂德時期的不義審判。他強調「依律而治」的原則，將皇帝定位為法律的守護者而非支配者，試圖讓法律重新成為帝國統治的正當基礎。

　　此外，他也關注市政與民生，命人整修道路、改善糧食配給與消防制度。他將貪汙官員革職，選任政績良好者掌管地方，並設置監察官巡查行省，試圖建立一個透明、負責的官僚體系。他的改革雖倉促，卻顯示出一個老成政治家對帝國未來的深切關懷。

　　然而，佩蒂納克斯的理想無法抵禦現實的重壓。他忽略了禁衛軍對其即位的不滿──這些軍人未獲得期望中的高額賞賜，也未被納入權力核心。他的軍紀整肅與撙節政策觸及禁衛軍利益，迅速激化矛盾。在短短三個月內，一場由不滿將領帶頭的軍事政變將他推向死亡。

　　西元 193 年三月，禁衛軍包圍皇宮，佩蒂納克斯堅拒逃離。他據傳試圖親自勸說叛兵放下武器，但最終被亂軍所殺，享壽六十六歲。他的死讓羅馬社會震驚，也讓世人深切感受到制度改革與政治理想的脆弱。

　　佩蒂納克斯在歷史上的地位充滿複雜情感。一方面，他短暫的執政期間被視為五賢帝以來最接近「善政」的一瞬；另一方面，他的失敗也顯示，缺乏軍事後盾與實力支撐的道德改革，終究難敵現實政治的鋒利刀刃。

他的死亡使帝位重新落入禁衛軍手中，並導致隨後的帝位拍賣與軍事強人崛起。佩蒂納克斯象徵一段理想政治的結束，也提醒後人：當政權缺乏制度保障與軍政平衡時，即便再高尚的意志也難逃失敗命運。

總結而言，佩蒂納克斯的短暫統治既是一道改革的曙光，也是一聲沉痛的警鐘。他代表五賢帝精神的最後延續，但在強權與貪婪面前迅速熄滅。他的努力雖未長久，卻為羅馬政治留下深刻印記，也為後人理解皇權與制度的脆弱性提供了最佳注腳。

第四節　塞維魯斯家族的興起與軍事威權

在佩蒂納克斯遇害與禁衛軍拍賣皇位之後，羅馬帝國陷入多方軍團競逐帝位的權力真空之中。正是在這一動盪時期，塞提米烏斯·塞維魯斯（Septimius Severus）迅速崛起，最終奠定了塞維魯斯王朝的基礎。他的上位不僅是軍事實力的展現，更象徵著羅馬皇權從傳統文官體制正式轉向以軍隊為後盾的軍事威權政治。

塞維魯斯出身於北非的雷普提斯·馬格納，具有行省出身的菁英色彩。他精於軍事，頗有政治手腕，並在多瑙河軍團中建立穩固聲望。康茂德與佩蒂納克斯相繼死後，塞維魯斯利用

第二章　皇權的重壓：從康茂德到塞維魯斯的政治實驗

軍隊對中央不滿的氛圍，迅速被軍團擁立為皇帝，並以迅雷不及掩耳之勢攻入義大利，推翻禁衛軍支持的尤利安努斯。

他入城後第一件事，即解散原有禁衛軍，處決尤利安努斯，並以來自多瑙河的忠誠軍人重組近衛體系。這一舉動具有深遠象徵意義：傳統守衛皇權的禁衛軍因腐敗與干政而被清洗，而新的軍事權力中心從元老院與羅馬本地轉向前線軍團與邊疆將領手中。

塞維魯斯隨後展開清除異己、強化中央集權的系列行動。他削弱元老院權力，大量啟用軍官與行省菁英擔任要職，推行一套以效忠皇帝與軍功為唯一晉升標準的官僚制度。他不再假借共和名義維持元首制度的形式，而是赤裸地以軍事力量主宰帝國運作。

在軍事方面，塞維魯斯深知軍隊為其政權基礎，因此不遺餘力擴大軍人待遇。他提高士兵薪資、設立子弟教育制度、提供土地與退役福利，藉此穩固軍隊忠誠。他也強化軍隊與皇室的連結，讓軍人視皇帝為直接上級，而非國家機器的一部分。這種制度安排雖保障短期穩定，卻使軍隊日後介入政治成為常態。

塞維魯斯王朝的興起也象徵著皇帝出身與地緣背景的轉變。過去的皇帝多來自義大利本土與羅馬城邦貴族，而塞維魯斯則來自北非行省，其政策與任命多偏向行省菁英，打破

第四節　塞維魯斯家族的興起與軍事威權

了傳統義大利中心主義。他的統治初期展現出高度行政效率與政策果斷，但也引發本地貴族與傳統權勢的不滿，進一步削弱了元老院的凝聚力。

塞維魯斯在位期間發動多場戰爭，包括東征安息、平定不列顛等地叛亂，強化了皇權形象與軍事統御，但同時也造成財政壓力與人民負擔。他對待異見勢力極為嚴厲，鎮壓元老與反對派系，限制公共言論與學術自由，使政治氣氛趨於壓抑。他所建立的，是一套以軍事為核心、專制為表徵的皇帝體制。

更關鍵的是，他為皇位繼承制度帶來決定性改變。他選擇由其親生子嗣繼承皇位，回到血緣繼承的模式，並刻意培養兒子卡拉卡拉與蓋塔參與朝政。這種安排雖有延續性，但也埋下繼位內鬥的伏筆，後來兄弟反目成仇，最終導致一場血腥清洗。

總結而言，塞維魯斯家族的興起不僅終結了五賢帝以來的文官主導時代，也開啟了軍事強人以武力奪權、依靠軍隊治理帝國的全新局面。他的統治代表著羅馬帝國從制度穩定轉向實力政治的關鍵轉捩點。雖然在短期內恢復了政權集中與行政效率，但長期而言，也使帝國陷入軍閥割據、繼承混亂的風險當中。

■第二章　皇權的重壓：從康茂德到塞維魯斯的政治實驗

第五節　軍隊的忠誠與帝國政權的重塑

在塞提米烏斯・塞維魯斯確立統治後，羅馬帝國進入一個軍人至上的政治新階段。軍隊不再僅僅是國家防衛的力量，而是決定帝位歸屬、保障皇權穩定的核心機構。塞維魯斯深知軍人對其政權的重要性，於是以具體政策回應軍人需求，藉由制度安排與經濟犒賞鞏固軍心，進一步將軍隊整合入皇權架構之中，促成帝國政權的再造。

首先，塞維魯斯提高軍人待遇。他將現役士兵的薪資提升至少三分之一，並延長服役年限至二十五年，使軍職成為穩定職涯與家庭生計的保障。此外，他擴充退伍安置方案，允許老兵在行省獲得土地並享有法律保護，讓軍隊成員在服役後得以轉入農業或地方行政，逐步建立起以軍事服役為基礎的社會流動管道。

其次，他重組軍隊組成與駐地配置。原禁衛軍遭解散後，他將近衛部隊重編為更具戰鬥力的親衛軍團，並從多瑙河與東方軍團中挑選忠誠軍士進駐首都，以確保皇宮安全與中央命令的有效執行。這些軍團與皇帝個人建立密切關係，不再是傳統意義上的公家軍隊，而更像是皇室私兵，皇帝與士兵間的忠誠轉化為人格式的依附關係。

在制度上，塞維魯斯賦予軍隊更多政治與法律上的保障。他設立特別軍法法庭處理軍紀案件，保障士兵訴訟權

第五節　軍隊的忠誠與帝國政權的重塑

利，並容許軍人子弟接受教育與晉升機會，逐步建立軍中階級的世襲傳承。這樣的設計強化了軍隊內部的凝聚力，也讓軍人階層在社會上獲得穩定地位。

與此同時，塞維魯斯也強化軍人對皇帝個人的崇拜。他在官方圖像與公共儀式中大量運用軍事象徵，如穿軍裝、頒發軍功獎章與雕像，甚至將軍功列入元勳等級制度之中，提升軍事榮譽在政治體系中的象徵地位。這類象徵操作讓軍人身分與帝國榮光密不可分，鞏固皇帝作為軍隊之主的正當性。

軍隊對帝國政權的重塑也反映在行省治理上。塞維魯斯大幅度任命軍官擔任行省總督與城市主政官，使軍隊成員不僅掌握軍事，也兼任行政與司法，導致軍政不分的趨勢日益明顯。這樣的安排提高了行政效率，卻也削弱了地方自治與文官監督，埋下未來軍閥割據與軍人政變的隱患。

此外，軍隊在帝國財政與經濟體系中的地位日益關鍵。維持龐大常備軍與各項軍事福利需要大量財政支出，塞維魯斯採取徵稅、沒收財產與販售官職等手段籌措軍費，導致平民與商人階層承受巨大壓力。軍人雖獲實利，但整體社會的經濟壓力與不滿情緒也逐步累積，成為日後政局不穩的根源之一。

最終，軍隊的忠誠雖確保了皇權穩定，卻也讓帝國進入一種軍權凌駕於政權之上的結構性失衡。皇帝與軍隊形成互相依賴的關係，皇帝倚賴軍隊維持統治，軍隊則藉由效忠換取實質利益。當這種忠誠建立在經濟交換與個人效忠之上，

■第二章　皇權的重壓：從康茂德到塞維魯斯的政治實驗

而非制度保障與國家忠誠時，政權穩定性便受到極大挑戰。

總結而言，塞維魯斯透過對軍隊的制度性重組與利益輸送，重塑了帝國的權力核心。他使軍隊從工具變為基礎，從邊緣力量轉為政治中心。但這樣的重構也讓皇權綁架於軍權之下，開啟軍人主政的世代。軍隊忠誠雖短期可保帝制延續，長遠卻對羅馬政治結構造成難以逆轉的深層變化。

第六節　元老院的退位與獨裁擴權

羅馬共和體制的核心機構——元老院（Senatus）自帝制創建以來，雖然在形式上被保留，實際權力卻不斷遭到削弱。從奧古斯都起，元老院即逐漸失去立法與軍事指揮權，淪為象徵性的諮議機構。然而直到五賢帝時代，元老院尚可在行政與政策討論中扮演建言角色。然而，進入塞維魯斯時代後，元老院已徹底失去政治主導地位，轉而成為皇權獨大的政治背景板。

塞維魯斯上臺之初，雖公開表示將尊重元老院與傳統共和精神，實則在政策推行與官員任命中，逐步排除元老院貴族的參與。他大量任用軍官與行省出身的行政官取代傳統元老院成員，導致後者在政務上的實際影響力迅速萎縮。元老院的原有功能，如財政監督、軍隊調派與法律制定，漸漸由

第六節　元老院的退位與獨裁擴權

皇帝與其私人內閣取而代之。

在法律層面，皇帝的詔令具備法律效力已是既成事實。塞維魯斯進一步擴張這項權力，他頒布的命令與裁決無需經過元老院審議，且得以直接適用於全帝國。他將皇帝的意志與法律同一化，使元老院成員不得不接受事後報告與追認詔令的尷尬局面。元老院從政策討論者淪為政策接受者，徹底退位於政治核心之外。

此外，塞維魯斯亦不容忍來自元老院的異議。他以「陰謀」、「不忠」等名義整肅反對派元老，對批評政務者施以監禁、流放乃至處決。元老院貴族階層對此無力反擊，只能轉向避險與沉默，進一步導致元老院成為無效的象徵性機構。這段時期，羅馬的公共政治文化從審議與共識，轉向命令與服從，政治言論空間顯著萎縮。

元老院的退位亦反映在地方行政體系上。塞維魯斯任命軍人為行省總督，使得原本由元老院貴族擔任的地方長官職位被大幅取代。這些軍人總督直屬皇帝，對中央命令絕對效忠，進一步排除元老院在地方政務中的干預能力。從羅馬到行省，元老院的影響力幾乎全面喪失。

塞維魯斯也重塑帝國意識形態，藉由圖像、碑文與公共敘事建立皇帝無上權威。他在首都與行省豎立大量雕像與凱旋碑，強化皇帝為帝國守護者與唯一政治象徵的觀念。元老院雖仍存在於名義上，卻不再具有獨立象徵性，僅是皇權敘

■第二章　皇權的重壓：從康茂德到塞維魯斯的政治實驗

事的一環。

這段歷史象徵著羅馬共和遺緒的最終消亡。儘管制度表面未改，帝國政體早已從形式共和走向實質專制。從皇帝操控法律、軍政任命到壓制異議、主導輿論，羅馬進入一個以皇帝意志為最高準則的獨裁時代。

然而，塞維魯斯的擴權並非毫無代價。他的排他性政治與對傳統貴族的打壓，引發社會菁英的不滿與疏離，降低行政體系的整體水準與穩定性。失去制衡與審議的政治架構，也讓未來皇帝更容易陷入孤立與專斷，缺乏預警與修正機制，終至決策失誤無從彌補。

總結而言，塞維魯斯對元老院的邊緣化與皇權的全面擴張，完成了羅馬從共和制度向專制帝制的最終轉型。他所建立的並非短期策略，而是一種深層結構性的體制改變。從此之後，羅馬政治進入皇帝獨裁與軍權壓制的主導時代，帝國的命運也將在失衡的權力體制中持續動盪。

第七節　軍費壓力與財政破口的開端

隨著塞維魯斯家族主導政權並將軍隊納為核心治理工具，軍人階層的地位與待遇大幅提升，皇權日益依賴軍隊維穩。然而，這套以軍隊為權力基礎的體制也引發龐大的財政

第七節　軍費壓力與財政破口的開端

負擔，迫使帝國走上以稅賦與壓榨彌補軍費的惡性循環。從此開始，羅馬帝國財政體質出現裂縫，長期穩定的經濟基礎逐步動搖，財政破口初現端倪。

塞維魯斯為獎勵忠誠軍隊，於在位期間數度調高士兵薪資，據史料顯示，他將原有軍餉提高三分之一，並增加退伍金與土地補償。這些政策雖有助於穩定軍心，但也使國庫支出迅速擴張。更甚者，他開放軍中晉升通道與軍人子弟特權，形成龐大的軍事支出體系，進一步加重國家負擔。

面對軍費激增，塞維魯斯政府採取多項非常措施。其一為大規模課稅。他擴張現有稅基，強徵行省稅收，並將原本豁免者納入納稅名單。其二為財產沒收與懲罰性罰金，特別針對貴族與異議官員的資產進行充公。其三為販售公職，包括地方官職與元老院席次，雖可籌得短期資金，卻導致行政品質下降與官場腐敗。

此等籌款手段對社會造成嚴重衝擊。平民階層稅負沉重，農民被迫典當土地、商人資金週轉困難，行省經濟活動明顯下滑。原本活絡的農業與手工業逐漸失去動能，貿易也因稅關重重而衰退。經濟收縮導致稅源減少，國庫收入不增反減，進一步形成惡性循環。

為應對財政窘境，塞維魯斯亦進行貨幣貶值。他減少金屬含量以增加貨幣發行量，意圖以量補不足。然而，這種操

第二章　皇權的重壓：從康茂德到塞維魯斯的政治實驗

作帶來通貨膨脹，貨幣信賴度下降，物價飛漲，民生困苦。軍人雖薪資增加，但實質購買力不升反降；民間消費則因不確定性而驟降，導致市場機能更加失衡。

軍費壓力同時限制其他政務發展。許多基礎建設如道路、橋梁與城市維護因資金短缺而停滯，教育與公共衛生亦無法延續投資。行省官吏為補財政缺口，濫徵亂罰與苛扣救濟糧食，引發地方不滿與抗爭。帝國治理品質明顯下滑，中央與地方的信任關係受到侵蝕。

此外，為了維繫軍隊對皇帝個人的忠誠，塞維魯斯傾向親自視察軍營與軍區，長期離京巡行，加重國內行政負擔。皇帝不在首都期間，政務由近臣與軍官主導，常出現政策反覆與命令失誤，加劇統治混亂。

塞維魯斯的軍費政策短期內鞏固了軍人效忠與皇權穩定，但也在制度層面開啟一連串財政失衡與治理斷裂的危機。皇帝對軍隊的過度依賴，轉化為對整個社會的壓迫與剝削，軍費壓力成為國家財政結構不可承受之重。

總結而言，軍費支出的飆升與因應策略的失當，使羅馬帝國財政結構出現難以逆轉的破口。塞維魯斯雖成功打造一支忠誠強大的軍隊，卻也讓帝國踏上經濟衰敗的斜坡。財政問題不再只是會計帳目的赤字，而是整體國政失衡的開端，成為羅馬帝國後續衰退的制度性根源之一。

第八節　皇室家族與元老院的角力

　　塞維魯斯王朝的建立，象徵著軍事與家族統治在羅馬政局中的全面結合。在這樣的統治模式下，皇室家族與元老院之間關係進一步惡化，權力角力逐漸從制度內的博弈轉為赤裸的對抗。皇室藉由軍隊與皇權神化鞏固地位，而元老院則在空間不斷被壓縮的情況下掙扎求存。兩者間的對立，不僅反映出制度性的斷裂，也突顯出政治文化的價值轉變。

　　塞維魯斯即位後，即積極培養其兩位兒子——卡拉卡拉與蓋塔——參與政務。他試圖建立皇室血脈傳承制度，恢復如康茂德般的直系繼承，但也明知此舉可能引起貴族階層與元老院的反感。為安撫貴族，塞維魯斯表面上仍讓元老院在某些政策場合保有發言權，實際上卻不斷透過削權、監控與懲罰降低其影響力。

　　他多次對元老院成員展開整肅，凡涉嫌不忠或拒絕效忠皇室的議員皆遭罷黜、流放或處決。即使未遭處罰，許多元老也因恐懼而主動退居二線，元老院逐漸形同虛設。從權力制度角度觀察，皇帝將自己視為法的化身，不再需要議會或貴族的合法性背書。這種政治現象的轉變，使得皇室家族的權力運作更趨封閉化與世襲化。

　　與此同時，塞維魯斯對皇族形象進行高度塑造。他命令鑄幣上大量刻印皇后與王子肖像，在公共空間設置皇室成員

第二章　皇權的重壓：從康茂德到塞維魯斯的政治實驗

的雕像與紀念碑，透過視覺藝術與空間象徵，營造出皇室與帝國不可分割的想像。他亦強調皇族的宗教地位，將自己與神祇形象合一，賦予皇族近乎神聖不可侵犯的地位。此舉進一步加深了皇室與元老院之間的位階落差。

尤其值得注意的是，在塞維魯斯死後，卡拉卡拉與蓋塔爭奪繼承權的鬥爭，將皇室內部矛盾與元老院關係的惡化推向高潮。塞維魯斯雖生前試圖讓兩人共治，但這種權力分割在缺乏制度保障下迅速破裂。卡拉卡拉最終於西元 211 年策劃暗殺蓋塔，掌控政權，並展開一場血腥清洗。

蓋塔死後，卡拉卡拉下令將其兄從所有官方紀錄中抹除，連帶迫害其支持者與相關元老。這場報復性清洗再度打擊元老院士氣，許多忠於法治與制度的議員遭到誣陷與誅殺，元老院幾乎無力抵抗。這不僅是皇室內鬥的延伸，更是皇權對制度制衡的全面否定。

元老院在這段期間雖仍維持象徵存在，但其角色已不再是帝國治理的中堅，而僅剩形式性的禮儀功能。皇室家族透過軍隊與宗教象徵，掌控實質權力與社會輿論，使任何來自貴族階層的異議都遭遇嚴厲壓制。

然而，這樣的統治也並非全然無懈可擊。皇室的極端集權與內部鬥爭使得政局動盪，民心惶惶；而元老院的沉默亦代表貴族階層對政權的疏離與冷漠，進一步削弱帝國的整體治理能量。缺乏制度對話與政治平衡，使羅馬進入一種「強

皇弱臣」卻同時「強人孤立」的局勢。

總結而言，塞維魯斯王朝的統治使皇室家族與元老院的角力趨於極端化。軍權加持下的皇權徹底壓倒貴族與法治傳統，使帝國失去平衡與協商的政治文化。這樣的轉變雖能短暫維穩，卻種下長遠的不信任與失衡，為後續政治崩壞埋下隱患。

第九節　暗殺與失序：帝國重返動盪

卡拉卡拉在刺殺其弟蓋塔並掌握帝國大權後，表面上延續了父親塞維魯斯所奠定的軍事威權統治，實則卻開啟了一段更加不穩的動盪局面。他以極端手段維持政權、擴大軍事支出與進一步壓制政治異己，使得帝國逐漸陷入不信任、暴力與體制崩壞的惡性循環。卡拉卡拉的個人獨裁風格與社會失序現象交織，最終導致他的政權以一場宮廷暗殺落幕，也讓羅馬再度走入頻繁更替與暴政循環的時代。

卡拉卡拉上位後，為鞏固權力進行大規模政治清洗。他下令將蓋塔的肖像與姓名從所有公共紀錄中抹除，這項「記憶審判」（Damnatio Memoriae）象徵著皇帝將個人恩怨凌駕於歷史記憶與國家制度之上。與蓋塔交好的元老、官員、將領亦接連遭誅，導致朝廷氣氛極度肅殺。政治菁英為求自保多選擇沉默，帝國治理陷入無人敢諫的獨裁困局。

059

第二章　皇權的重壓：從康茂德到塞維魯斯的政治實驗

為安撫軍隊，卡拉卡拉進一步提高軍人薪資與撫卹待遇。他更推行著名的《安東尼努斯敕令》(Constitutio Antoniniana)，將整個帝國境內所有自由人幾乎一律納入羅馬公民範疇，形式上擴大了國家認同，實際上則是為了擴充稅基與擴張兵源，以支應龐大的軍事開支。這項詔令雖具有長遠文化融合效果，短期卻加劇社會階級緊張與地方負擔。

軍隊雖在物質上獲得保障，忠誠卻日益建立在金錢而非理念之上。卡拉卡拉極端依賴近衛軍與外省部隊，對其他軍團則以懷疑態度視之。他的巡行軍旅政治模式使得中央行政日趨空洞，元老院與羅馬城的政治功能日漸式微。大量政令由皇帝隨軍發布，政策反覆且無制度支撐，使帝國政治日益個人化、即興化。

在外交與軍事上，卡拉卡拉繼續發動戰爭以凝聚軍心與彰顯統治正當性。他親征日耳曼、東進安息，試圖以戰功強化統治地位。然而這些戰事耗費鉅資，亦未帶來實質領土擴張或戰略優勢，反而使邊疆駐軍疲憊、內部防線鬆動。

西元 217 年，卡拉卡拉在小亞細亞軍行途中，被其親信軍官馬克里努斯（Macrinus）策動刺殺。這場暗殺行動來自軍中高層對皇帝專斷與猜忌的累積不滿，也反映出卡拉卡拉未能建立制度性信任與穩定後援。馬克里努斯遂即自立為皇帝，成為首位非元老院出身且未具皇族血統的軍人皇帝，象徵皇權從世襲轉向軍事實力主導的正式斷裂點。

馬克里努斯上任後，雖試圖緩和軍費、重建行政秩序，卻缺乏政治合法性與軍中支持，很快遭到叛軍推翻。帝位短暫更替成為常態，隨後數年間，帝國出現多位軍人皇帝輪替現象，政治中心陷入長期動盪，無法恢復穩定治理結構。

這段以暗殺開端、政變延續的歷史，不僅展現羅馬帝制的脆弱性，也反映出在缺乏制度平衡與繼承共識的情況下，皇權將永遠處於不安狀態。卡拉卡拉藉由恐懼維持統治，卻反被恐懼吞噬；他的死不是異常，而是此一時代邏輯的必然結果。

總結而言，從蓋塔被害到卡拉卡拉遭暗殺，羅馬帝國已完全走出五賢帝的制度正軌，進入皇室內鬥與軍人政變交織的動盪時代。政治殺戮不再只是宮廷謀略，而是政權更替的慣性機制。暗殺不僅結束一位皇帝的生命，更象徵一個政治文明階段的崩潰與失序的持續深化。

第十節　帝制神化的幻象與危機擴張

在塞維魯斯家族統治後期與卡拉卡拉的極權政治中，羅馬帝制展現出高度神化的趨勢。皇帝不再僅是政治與軍事領袖，更被塑造成神祇的化身，透過各種象徵性操作，將其地位提升至超越人間的神聖存在。這種帝制神化既是穩固皇權正當性的手段，也是一種對內政治壓力與對外危機感知的反

第二章　皇權的重壓：從康茂德到塞維魯斯的政治實驗

射性應對。然而，這套幻象式的治理邏輯在短期內雖具動員力，長期卻掩蓋了制度脆弱與國力透支的深層危機。

神化作為一種政治手段，在卡拉卡拉時期表現得尤為突出。他不僅以「海克力斯」的再世自居，還命人雕塑其與神祇並列的形象，將皇帝形象深入各地行省的建築、貨幣與公共雕刻中。他強化皇室成員的宗教地位，使神廟與皇室神殿合而為一，讓信仰與政治權力無縫結合。

這種操作意圖建立全民對皇帝的超凡崇敬，以遮蔽政治暴力與制度危機。當元老院被邊緣、軍人效忠動搖、行省不穩時，神化策略成為皇帝召喚秩序的唯一語言。然而，神化本質上無法解決具體問題。它無法回應稅收負擔、軍費壓力、官僚腐敗與社會不滿，反而讓皇帝更難面對現實的治理挑戰。

在軍事方面，卡拉卡拉與其繼任者將「外戰」作為維穩的出口。他們試圖透過對安息的軍事行動、北方邊境的擴張與凱旋遊行，建立一種「皇帝征戰不敗」的形象。這些行動確實帶來短期民心振奮與軍人士氣提升，卻無法長期支撐國力，反而使邊疆更形脆弱。

帝國疆域的擴張未建立在穩固的行政與財政基礎上，而多依賴軍人臨時占領與財寶掠奪。每一次遠征所耗費的人力與物資，都大幅超出可承受範圍。當皇帝無法持續犒賞軍隊時，忠誠也迅速瓦解，導致內亂與軍變不斷出現。神化與擴張並行的策略，最終轉為政權不穩的催化劑。

第十節　帝制神化的幻象與危機擴張

　　與此同時，地方行省的負擔日益沉重。為維持帝國神化體制所需的各種建設、儀式與紀念活動，行省被迫徵稅、出資、提供物資與勞力。許多地方官不得不加重地方民眾的賦稅與徭役，引發社會動盪。部分地區甚至出現逃稅、叛亂與自主化傾向，使中央統治力逐步削弱。

　　帝制神化也對知識與宗教文化帶來壓制性影響。傳統哲學與學術機構受到審查，官方宗教敘事壟斷社會信仰空間，批判與多元聲音逐漸消失。這種思想單一化雖可維持短期一致性，卻剝奪社會應對危機的創造力與自我修復能力。

　　當卡拉卡拉被刺殺、繼任者相繼更替，這一整套建立於神化與虛構穩定之上的政治機制便迅速崩潰。無論是馬克里努斯的短暫改革，或其後更替皇帝的強人統治，皆無法再以神聖性取代合法性，社會轉向現實的經濟與軍事安全訴求。帝國內部的信任機制瓦解，制度與秩序的幻象不再具有凝聚力。

　　總結而言，帝制神化在塞維魯斯後期至卡拉卡拉時代雖展現出高度視覺與象徵上的整合力，卻無法支撐一個內部失衡、外患不斷的龐大政體。這種統治策略不過是皇權壓力下的權宜幻象，掩飾不了政治制度逐漸空洞與社會裂解的事實。當神化失效，危機便擴張，羅馬也將走向真正的風暴時代。

第二章　皇權的重壓：從康茂德到塞維魯斯的政治實驗

第三章
邊疆潰圍：
軍人皇帝時代的生存抉擇

第三章　邊疆潰圍：軍人皇帝時代的生存抉擇

第一節　帝國邊防的崩潰與蠻族壓力

　　羅馬帝國的疆域之廣，曾是其榮耀象徵，也是其潛在弱點。從不列顛島嶼到美索不達米亞，從多瑙河流域到北非沙漠，這個龐大政體在地理上涵蓋歐、亞、非三洲，其邊防線綿延萬里。過去依靠精銳軍團與完善駐防體系維繫秩序，但自塞維魯斯之後，中央對邊疆的控制力逐步下滑，地方軍力分散與經濟支援不足，使邊疆成為帝國最脆弱的縫隙。

　　邊防潰圍的關鍵，在於軍隊制度與財政支援的惡化。隨著皇帝與軍隊的關係越發個人化，邊疆軍團常被抽調進京支援政變或內戰，使本應駐防的軍力大量流失。帝國無法維持穩定的防線輪值，尤其在萊茵河與多瑙河流域，原本負責阻擋日耳曼部落的防線出現真空，令邊界地區暴露於外族突襲之中。

　　蠻族勢力也同步進化與集結。日耳曼人、阿勒曼尼人、哥德人等北方民族，不再是零星掠奪的散兵游勇，而是出現部落聯盟與具備組織的軍事行動。他們利用羅馬內亂與防線空缺，多次跨越邊界，掠奪市鎮與村莊，甚至進逼義大利本土。哥德人於三世紀中葉突破多瑙河線，洗劫巴爾幹與愛琴海地區，成為邊疆防禦崩潰的代表性事件。

　　除了北方蠻族，東方也傳來巨大壓力。薩珊王朝在波斯取代安息後，展現出高度侵略性，屢次侵犯美索不達米亞與敘利亞地區，並宣稱繼承古代波斯帝國的榮耀與領土。西元260

第一節　帝國邊防的崩潰與蠻族壓力

年，波斯王沙普爾一世甚至生擒羅馬皇帝瓦勒良，這一羞辱性事件震撼帝國，使東方防線信心潰散，導致邊境多地棄守。

邊防防線的潰散帶來連鎖反應。首先是邊民大量遷徙。為逃避蠻族襲擊，大批居民放棄家園，向內陸避難，造成農業荒蕪與地方行政斷裂。其次是城市與軍事要塞無法自給，補給線被破壞，士兵與百姓爭奪資源，加深地方秩序的混亂。

帝國當局雖試圖重建邊防，例如派遣軍人皇帝如德西烏斯、奧勒良出征邊境，並重整軍團紀律與築起新型防線，但這些努力多半無法長期持續。一方面軍隊指揮權與資源調度混亂，另一方面地方反應緩慢，行省官員缺乏有效組織能力，導致重建速度遠遠落後於破壞速度。

邊防危機也引發中央與地方的信任斷裂。為防邊將擁兵自重，中央不願賦予地方將領過多軍政整合權，反而使邊疆無法及時應變。將領多次因缺乏援助而私自與蠻族議和，甚至接受其進貢或擔保，以換取短暫和平。這些現象讓邊防變成政治妥協場域，進一步削弱羅馬在蠻族眼中的強權形象。

更嚴重的是，邊疆失守使帝國內部安全觀產生根本轉變。原本帝國中心——如羅馬城或安條克——可倚賴穩固外圍屏障，但現在蠻族足以穿越長距離深入腹地，使皇帝與貴族階層感受到前所未有的不安全。許多皇帝開始長期駐守邊境軍營，羅馬的政治中心也因戰爭頻繁而遷徙，象徵羅馬已無法保障自身核心。

■第三章　邊疆潰圍：軍人皇帝時代的生存抉擇

　　總結而言，邊防的崩潰與蠻族壓力，不僅是軍事問題，更是國家整體結構失衡的反映。防線崩壞背後，藏著財政萎縮、軍政失序與外交失敗的多重病灶。蠻族只是衝破圍牆的外力，而羅馬自身的斷裂，才是邊疆潰圍的真正根源。

第二節　軍人皇帝崛起與統治模式轉變

　　三世紀中葉，羅馬帝國的政治結構出現根本性轉變。在邊疆防線頻繁潰敗、中央政權失靈的背景下，軍隊不再只是帝國邊陲的守衛者，而是躍升為帝位的仲裁者。自瓦勒良被俘後，短短數十年間，先後有多位軍團將領自立為皇帝，開啟所謂「軍人皇帝時代」（三世紀危機，Crisis of the Third Century）。這些軍人皇帝通常出身行省，憑藉邊疆軍團的擁護取得權力，其統治模式與過往由元老院認可或皇室血脈繼承的體系截然不同。

　　軍人皇帝之所以崛起，首先源於軍隊對政權合法性的重構。在中央頻繁更替、首都權威蕩然無存的情況下，軍團對穩定的渴望迫使他們自行推舉有威信的將領為皇帝。軍功與軍中人望成為新一代皇權的主要資本。只要軍團支持，一位將領即有資格自稱奧古斯都；相對地，一位皇帝若失去軍心，也會迅速被取代，導致帝位極度不穩。

第二節　軍人皇帝崛起與統治模式轉變

　　這種由軍團主導的政治模式雖確保邊疆的即時防衛與軍隊忠誠，卻也帶來政權輪替頻繁的代價。三世紀中期，帝位平均存續僅數年，甚至短至數月。這種極度不穩的皇位更替，使得中央政策難以持續，制度建設嚴重受阻，行政效率與治理能力大幅下滑。

　　軍人皇帝為求穩定政權，採取高度集權的手段。他們傾向直接掌控軍政要務，縮減元老院與貴族階層參政空間，強化皇帝與軍團的直屬關係。由於缺乏文官輔助與制度監督，多數政策以軍事邏輯為核心，治國思維偏向行動導向與威權操作，缺乏長期治理規劃。

　　這類皇帝的出身背景也決定了其政策重心。多數軍人皇帝來自行省軍區，對羅馬城與義大利本土缺乏情感連結。他們將軍政中心設於邊疆要塞或戰區城市，如安條克、色米姆等，進一步削弱羅馬作為帝國核心的象徵地位。這種地理與象徵的位移，意味著帝國已從一個政治文化整合的共同體，變為以武力維繫的軍事聯盟。

　　然而，軍人皇帝並非毫無建樹。部分皇帝如奧勒良（Aurelian）與克勞狄二世（Claudius II）在短時間內展現出卓越的軍事與行政能力。他們成功抵禦外族入侵、重建邊疆秩序，甚至重奪失地，如奧勒良即擊潰高盧與帕米拉兩個自立政權，暫時恢復帝國統一。

■第三章　邊疆潰圍：軍人皇帝時代的生存抉擇

　　這些成就雖提升軍人皇帝的威望，卻也突顯出政權仍仰賴個人魅力與軍事勝利來獲得認可，而非制度保障或民意支持。一旦皇帝戰死、失勢或無子繼承，政權即再度陷入真空，形成惡性循環。此種局勢使羅馬帝國在三世紀中葉幾乎成為「戰場上的帝國」，政治合法性與軍事能力畫上等號，軍功即皇權，失敗即政變。

　　總結而言，軍人皇帝時代是羅馬帝國應對全面危機的權宜之計。他們透過軍事實力取得政權，憑藉戰場榮譽維繫統治，卻無力建立持久穩定的制度架構。這段時期雖顯示出羅馬軍隊的適應力與將領個人的治國能力，卻也暴露出帝制體系的制度性空洞與合法性崩解。

第三節　國土分裂與政治多頭馬車

　　三世紀中葉的羅馬帝國，不僅面臨外敵環伺與內部軍事政變，更深陷於政權分裂與多頭政治的混亂中。帝國範圍內不同地區相繼出現自立政權，中央政府對行省的實際控制力幾乎喪失。所謂「政治多頭馬車」，正是對這一時期政權割裂、皇帝並立、各地互不統屬局面的生動描述。

　　西元 260 年，羅馬皇帝瓦勒良被波斯軍生擒，成為引爆帝國分裂的關鍵轉捩點。其子加里恩努斯在西部繼續執政，

第三節　國土分裂與政治多頭馬車

但東方與西北行省迅速出現割據勢力。在東方，帕米拉的王后芝諾比婭以保衛行省為名，建立獨立政權，實際掌控敘利亞、埃及與小亞細亞部分地區；在西北，高盧行省則由駐軍將領自立為皇帝，成立「高盧帝國」，包括今法國、德國西部與不列顛。

這些分裂政權大多由軍事力量支撐，具備行政體系與財政獨立性。他們鑄造貨幣、徵稅、任命官員，名義上承認羅馬皇帝，但實際上各行其是。中央政權因無力平定叛亂，只能被動承認地方實權，羅馬名義上的統一已不復存在。

多頭政治的另一特徵，是皇帝頭銜的氾濫。數年間曾同時存在三至五位「奧古斯都」，各自獲得不同軍團或行省支持，互相競逐帝位。元老院的授權與血統繼承完全失去作用，政權繼承由軍事實力決定。帝位從國家最高榮譽變為軍團利益的象徵，導致政權合法性嚴重崩壞。

政治分裂帶來治理困難。各自為政的地區缺乏統一法律與貨幣制度，貿易受阻，邊防戰略難以協調。敵人往往得以鑽空子各個擊破，帝國整體防禦能力下降。此外，中央對地方將領缺乏制衡，導致軍閥割據、任官腐敗與濫權橫行，百姓苦不堪言。

地方政權雖短暫維持秩序，卻無法提供長期穩定。帕米拉與高盧帝國最終皆被奧勒良重新收復，但這些地區在獨立期間已形成地方主義傾向，削弱對中央的依賴與認同。即便

■第三章　邊疆潰圍：軍人皇帝時代的生存抉擇

形式上重歸帝國版圖，實質治理裂痕難以彌合。

更重要的是，分裂經驗深刻改變羅馬政治文化。行省不再單純視羅馬為唯一權威，而是開始出現「區域自主性」意識。軍隊成為地方安全與政權合法的來源，地方將領漸漸習於自治甚至主政。這種現象在後來的「四帝共治」制度中依然存在，顯示分裂不僅是偶發事件，而是一種制度趨勢的開端。

總結而言，三世紀的國土分裂與政治多頭馬車現象，不僅導致羅馬政權短期瓦解，更對長期國家整合造成深遠影響。這段歷史提醒我們：當軍事與政權割裂、中央無法有效整合地方時，再強大的帝國也可能在內部重力的拉扯下，逐步瓦解於自身結構之中。

第四節　經濟崩盤與通貨膨脹的噩夢

三世紀中葉的羅馬帝國，不僅陷入政權分裂與軍人皇帝更替的政治風暴，也面臨空前的經濟危機。財政崩潰、通貨膨脹與物資短缺，讓帝國從上層統治到庶民生活全線吃緊。這場經濟災難並非單一事件，而是長期軍費壓力、貿易中斷與制度腐敗共同作用的結果，深刻動搖了羅馬社會的基本結構。

第四節　經濟崩盤與通貨膨脹的噩夢

　　首先是軍費支出導致的財政破產。自塞維魯斯王朝以來，歷代皇帝為求軍隊效忠，不斷提高軍餉與退役補助。到了軍人皇帝時代，軍團幾乎主宰皇帝繼承，因此軍費成為國家支出的絕對主體。為籌措龐大軍費，皇帝們被迫大量增稅、徵收特殊捐與出售官職，甚至對貴族與商人進行財產沒收，導致稅基枯竭與民怨四起。

　　其次是貨幣體系的惡性貶值。為解財政困局，皇帝們普遍採取削減貨幣金屬含量的方式大量鑄幣，導致銀幣實質價值急遽下降。這種通貨膨脹迅速波及市場，民間交易以物易物漸成主流，官方貨幣失去信用，金融秩序全面崩壞。通膨並未刺激經濟，反而進一步削弱消費與投資，商業活動萎縮，城市經濟凋敝。

　　物價飛漲對庶民生活造成沉重打擊。糧食、布匹與生活用品的價格成倍上漲，農民與工匠難以維持基本生計，城市工人失業率飆升。農村地區因稅賦繁重而出現大量逃亡農民，許多耕地荒廢，地主無力維持勞動力，只能將土地轉交給軍人或教會等擁有武力與特權的集團經營，形成新的經濟依附關係。

　　經濟崩盤同時打擊了國家基礎建設。道路、橋梁、港口與城市設施長期得不到維修，行政機構無力推動公共工程，導致交通中斷與物資配送困難。各地市場日益封閉，帝國內部經濟網絡斷裂，轉向地區性自給自足的封閉經濟體制，逐

第三章　邊疆潰圍：軍人皇帝時代的生存抉擇

漸形成後來封建制度的雛形。

國家為壓制通膨與控制市場，試圖以強制手段干預經濟。例如實施物價上限、禁止囤積、強制徵收糧食與勞力，甚至規定子女繼承職業等政策。這些政策不僅效果有限，反而激起更多反抗與地下經濟活動，使國家與社會信任關係徹底破裂。

在外貿方面，由於邊疆失守與交通中斷，羅馬與東方的貿易幾近停滯。絲綢、香料、紙莎草與珍寶等舶來品銳減，國內奢侈品市場萎縮，貴族與中產階級消費能力下降，也使工藝與製造業衰退。原本仰賴遠距貿易的港口城市如亞歷山大與迦太基經濟崩潰，大量人口外移或淪為乞丐。

總結而言，三世紀的羅馬帝國不僅陷於政治混亂，更遭遇全面性的經濟崩解。通貨膨脹不只是金錢問題，而是國家信用的破產；經濟凋敝也不僅限於交易數字，而是社會結構的斷裂。當人民對貨幣失去信任，對政權失去希望，帝國的根基便已動搖，即使擁有再強大的軍隊，也難以挽回已然崩潰的國家機能。

第五節　瘟疫與社會結構的劇變

在三世紀中葉的亂世之中，羅馬帝國不僅面臨政權分裂與經濟崩潰，更被數波致命瘟疫打擊，造成廣泛的死亡與社會秩序的崩壞。這些瘟疫在邊防失守與貿易動線變動的背景下迅速擴散，衝擊城市與農村，進一步加劇人口減少、勞動力萎縮與社會機能失效的惡性循環。

最具代表性的瘟疫發生於西元250年前後，即所謂的「賽普利安大瘟疫」(Plague of Cyprian)，其名來自當時迦太基主教賽普利安的描述。他記錄了疫病如何奪走成千上萬人的性命，症狀包含發燒、腹瀉、嘔吐與全身潰爛，且傳染速度極快，使得整個城市陷入恐慌與癱瘓。

瘟疫導致的死亡人數驚人。有研究估計，某些城市人口死亡率高達三分之一，部分行省甚至一度無人耕作、無人徵稅，國家財政與糧食供應陷入全面崩潰。軍隊亦遭重創，不僅士兵染疫死亡，補給線中斷與衛生環境惡化，也讓戰力急遽下降，間接影響對外戰爭與邊疆防禦。

社會層面上，瘟疫改變了人際關係與公共倫理。在人們爭相逃亡、自保的恐慌氣氛中，傳統的家族與宗教秩序動搖。親屬之間相互隔離、遺體無人收埋、公共埋葬場泛濫，城市景觀從繁華轉為凋敝。大量孤兒、寡婦與病弱人口無人

第三章　邊疆潰圍：軍人皇帝時代的生存抉擇

照料，使社會安全網幾近癱瘓。

與此同時，瘟疫引發宗教行為的劇變。部分群眾轉向新興宗教尋求心靈慰藉，特別是基督教在此期間迅速擴張。基督徒強調彼此照顧、超越死亡的信仰觀，吸引了許多病弱與失依群體。他們對病人不離不棄的行為，與其他群體的逃避構成強烈對比，使得基督教獲得社會好感與信任。

然而，官方對瘟疫的反應多流於封閉邊境、舉行驅邪儀式或迫害異端，未能有效遏止疫情擴散。部分皇帝將疫病歸咎於神明震怒或宗教異見者，導致大規模迫害與社會分裂。這些反應不僅無助於實際防疫，反而加劇社會仇恨與動盪。

瘟疫的長期影響遠超醫療層面。勞動力短缺迫使地主改革勞作制度，開始出現將農奴固定於土地的傾向，形成「早期農奴制」的前兆。城市人口銳減，使許多市政機構無法正常運作，地方治理逐步依賴軍事與宗教力量維繫。瘟疫成為社會結構重組的催化劑，促成舊秩序的瓦解與新制度的萌芽。

總結而言，瘟疫對羅馬帝國造成的不僅是死亡與醫療危機，更是整體社會的結構性劇變。它加速了城市衰退、宗教興起與社會分層的加深，也使帝國在面對外患與內亂時更加脆弱。瘟疫不僅摧毀了生命，更摧毀了羅馬人對秩序與未來的信心。

第六節　地方將領與軍閥化問題

在三世紀中葉的動盪局勢下，羅馬帝國的中央政權日益式微，原有的統一行政與軍事體系逐步崩解。地方將領在邊疆防線的崩潰與中央無力干預的夾縫中迅速壯大，成為新一波實質掌控者。他們以軍事力量為後盾，開始主導地方治理，並逐步走向軍閥化，形成權力高度分散與內部爭權的格局。

這些地方將領多半由行省駐軍出身，具備豐富的軍事經驗與當地社會關係。他們掌握軍團、掌控糧道，並能依據自身地理位置與戰略資源與蠻族交涉，甚至與其他地方勢力進行聯盟或對抗。在中央無力統合的情況下，這些將領實質上形成「準獨立政權」，名義上服從皇帝，但實際上行使獨立軍政大權。

軍閥化的趨勢尤以邊疆行省最為明顯。高盧、不列顛、小亞細亞與埃及等地，將領擁兵自重，甚至自行鑄幣、頒布命令。他們藉由安撫當地貴族與民眾，鞏固支持基礎，逐漸將原本的軍職轉化為政治角色，建立起帶有「世襲」色彩的統治體系。

軍閥化的結果之一，是帝國統一性的進一步瓦解。當地方軍事與行政體系由將領壟斷後，中央政令難以推行，行省逐漸喪失對中央的財政與人力貢獻。皇帝為安撫這些軍閥，不得不授與更高頭銜與名義職權，實則讓位於地方強人，削弱自身統治正當性。

第三章　邊疆潰圍：軍人皇帝時代的生存抉擇

　　此外，軍閥之間的競爭也成為帝國政治不穩的重要因素。地方將領時常爭奪邊界領地與資源，彼此爆發軍事衝突，甚至以擁兵自立皇帝。多數軍人皇帝即來自這樣的背景，政權更替成為軍團內部協商的結果，而非來自法統或元老院的認可。這種軍閥輪替的現象，使得帝國處於「以兵易主」的無限循環中。

　　軍閥化亦對民生造成影響。地方將領為維持軍隊與政治運作，大量徵用物資與勞動力，導致地方負擔沉重。農民與工匠被迫納糧納役，許多家庭因負擔過重而流亡、破產，導致農業生產力與地方市場同步萎縮。軍閥為保障自身勢力，往往設立私人武裝與行政機構，與原本帝國制度脫節。

　　然而，地方將領並非全無正面影響。在中央癱瘓、蠻族入侵的情況下，他們往往是維持地方秩序與社會運作的唯一力量。部分將領具備良好治理能力，甚至在行省內推動建設、修繕防線與安置難民。這些行動使他們獲得民間信任，也加深其對地方的依附性。

　　軍閥化的根本原因，在於中央權力真空與制度性監督的崩解。當皇權無法有效約束將領，軍人憑藉戰功取得合法性，帝國遂由垂直管理轉為橫向分權。從此開始，羅馬的政治重心不再集中於元老院與皇宮，而是分散於各地軍事據點與將領私廷，象徵帝國的傳統統一模式遭遇嚴重挑戰。

總結而言，三世紀地方將領的軍閥化現象，是羅馬帝國面對內外危機無力整合的直接結果。當地方軍力凌駕於國家制度之上，整體治理便失去協調與穩定的基礎。這段歷史不僅反映帝國晚期的體制崩壞，也揭示出中央與地方關係失衡對帝制存續的根本威脅。

第七節　日耳曼人與波斯勢力的進逼

三世紀中葉的羅馬帝國面臨雙重邊疆壓力：西方自日耳曼部族而來的猛烈衝擊，以及東方新興的薩珊波斯帝國強勢崛起。這兩大外部威脅的同步發展，成為羅馬政局崩潰、軍力分散與政治多頭化之外最直接的外患推力，對整體帝國結構造成致命衝擊。

在西方，日耳曼部族自多瑙河與萊茵河一帶逐漸組成聯盟，如哥德人、汪達爾人與法蘭克人等。他們不再僅以零星掠奪為主，而是採取大規模移動與戰爭，直接穿越防線入侵行省。哥德人於西元 250 年代越過多瑙河，入侵巴爾幹半島，甚至沿海掠奪至希臘與小亞細亞地區，重創沿海貿易與城市防衛體系。

這些部族具備一定軍事組織與社會協調能力，能長時間作戰與建立臨時定居點。更具威脅性的是，他們開始攜帶家眷與

第三章　邊疆潰圍：軍人皇帝時代的生存抉擇

族人同行，目標不只是掠奪財物，而是尋求新生存空間，意味著入侵變為殖民。羅馬軍隊因戰力不足與防線崩潰，被迫與之和談或容忍其駐留，顯示帝國邊界主權的實質喪失。

東方情勢同樣緊張。薩珊王朝於西元 224 年取代安息後，迅速轉向擴張政策，對羅馬東部構成重大威脅。沙普爾一世（Shapur I）發動數次戰爭，成功攻陷安條克與敘利亞北部，並於西元 260 年俘虜羅馬皇帝瓦勒良，這一事件象徵帝國東線權威的崩潰，也激起行省間的不安與割據傾向。

薩珊王朝標榜復興古波斯帝國榮光，結合宗教正統與軍事實力，其國家機器相較於安息更具集中性與攻擊性。羅馬面對這樣的對手，在戰略與軍力上難以長期抗衡，往往只能採取退守與和談政策，或仰賴地方將領自行調度資源應戰。

雙邊戰線的壓力導致羅馬軍事戰略的根本失衡。軍隊不得不在東西兩線間奔波調度，中央無法維持穩定指揮鏈，軍團紀律與補給機制屢屢失靈。在戰場上連番失利，使得士氣低落與軍心動搖，進一步催化軍中政變與皇帝更替。

此外，邊境居民長期暴露於戰火，生活環境惡劣，大量人口流徙至內地，造成城市擁擠、糧食不足與治安問題。許多邊境城市如美索不達米亞、巴爾幹與多瑙河流域的防禦機能完全瓦解，甚至一度淪為蠻族或波斯的占領區。此種情勢使得邊疆從「外圍防線」轉為「持續失守的戰區」。

雙重壓力的持續作用，也激化了羅馬內部的意識形態焦慮。人們對傳統神明失去信心，紛紛轉向神祕宗教或救世信仰，試圖在外敵威脅與內部崩解之中尋找精神依託，亦為後續基督教興起奠定心理基礎。

總結而言，日耳曼與波斯勢力的雙向進逼，代表羅馬不再是單純主動擴張的帝國，而是成為被動防守、隨時潰敗的老化政體。這不僅是軍事上的潰敗，更是帝國霸權與地緣戰略的根本崩解。從此，邊疆不再是防衛線，而成為動盪的深淵，迫使帝國進入一場永無止盡的危機管理時代。

第八節　天災與軍紀崩潰的連鎖效應

在三世紀的動盪時代中，羅馬帝國不僅遭受來自外部的軍事壓力與內部政權更替的衝擊，更深受天災肆虐與軍紀崩壞的雙重打擊。天災與軍紀崩潰彼此交織，形成一連串災難性的連鎖效應，使原已岌岌可危的帝國體系雪上加霜。

天災主要表現於旱災、洪患與地震等自然變化對農業社會的嚴重破壞。羅馬帝國的糧食供應高度依賴埃及與北非等地的穩定生產，然而連年氣候異常導致尼羅河水位不足或氾濫失控，造成收成減少與糧價暴漲。義大利本土與高盧地區亦遭受異常氣候影響，導致連年歉收，進一步加劇糧荒與民變。

第三章　邊疆潰圍：軍人皇帝時代的生存抉擇

地震與洪水對城市基礎設施造成嚴重損害。多座橋梁、道路與防禦工事在災害中毀損，地方政府因財政困窘無力修復，城市運輸與物資調度能力大幅下降。公路交通的中斷使得軍隊機動性受限，也影響救災與軍需補給效率，造成軍民之間的矛盾升高。

在天災持續之下，帝國軍隊的紀律亦出現明顯崩解。士兵因糧餉不足、補給短缺與戰事連連而士氣低落，進而出現逃兵、劫掠與軍中暴動。原本應為保護人民的軍隊，轉而成為地方百姓的威脅。許多軍團為解燃眉之急，強徵物資、掠奪村莊，甚至勒索地方官府，引發多起內部衝突與政變。

軍紀崩壞亦展現在指揮系統的失能。將領為保自身權力，往往縱容部下肆意行動以維繫忠誠，導致軍隊分裂為派系鬥爭，缺乏統一行動能力。當地軍團與中央軍不再協調，各自為政，加劇帝國軍力碎片化的現象，使得外敵更易入侵。

更嚴重者，軍紀潰散直接導致皇帝更替加速。軍隊習於以暴力或脅迫方式選立皇帝，使皇權不再具備穩定性與持久性。每逢政權交替，軍中清洗與報復不斷，舊軍官遭剷除，新派系上位，軍隊成為政治鬥爭的工具，反而削弱了其對外防禦的功能。

天災與軍紀崩潰也深刻改變人民對帝國的認同。百姓在連年災禍與兵亂中失去對政權的信任，開始依賴地方社群、

宗教團體或軍閥勢力求生，逐步脫離傳統中央政體的掌控。這種基層離心的趨勢，象徵帝國自下而上的解體。

總結而言，三世紀的天災並非孤立的自然事件，而是觸發羅馬軍政體制全面瓦解的催化劑。當自然災害與人為失序疊加發酵，帝國不僅失去治理能力，也失去人民的信賴與效忠。軍紀崩潰與天災連鎖，最終將羅馬推向一個再也無法以往昔制度與秩序恢復的深淵。

第九節　神祕主義與宗教狂熱的抬頭

在三世紀羅馬帝國面臨連續動盪的背景下，人民的信仰狀態也隨之劇烈轉變。原本穩定的宗教制度不再能提供安定感與意義，取而代之的是各種神祕主義與極端宗教運動的崛起。這股宗教熱潮既是對外部災禍與政治無能的反動，也是帝國內部文化與精神裂解的徵兆。

傳統的羅馬多神教體系，雖在過往以神殿、祭儀與家神崇拜貫穿社會，但到了三世紀，其儀式性以及與權力結合的僵化形式已難以慰藉民眾在戰亂、瘟疫與饑荒中的恐懼與失落。祭司制度與國家宗教機構形同虛設，無法回應時代焦慮，使許多民眾轉向新興宗教與神祕教派尋求寄託。

第三章　邊疆潰圍：軍人皇帝時代的生存抉擇

　　密特拉教、伊西斯崇拜與各類東方神祕宗教在此時廣泛傳入羅馬境內。這些宗教強調啟示、再生與個人靈魂的拯救，提供一種能跨越死亡與痛苦的信仰方式。其儀式往往帶有強烈情感色彩，如血祭、沉浸式祈禱與入教祕密儀典，滿足人們在絕望中對神聖經驗的渴望。

　　基督教在此時期也顯著擴張。雖然尚未成為國教，但其強調平等、慈善與永生的理念，吸引大量基層百姓、婦女與奴隸。在瘟疫與災荒時期，基督徒展現出高度的社會團結與照護行動，如照顧病患、安葬死者與救濟貧民，進一步獲得民間認同。教會成為許多社群唯一的安全與希望來源，也讓信仰與政治逐步交織。

　　然而，這些宗教現象也伴隨狂熱與極端化傾向。部分教派鼓吹末日審判與苦修自虐，認為唯有透過痛苦與禁慾才能得救；也有信徒為表現虔誠自願殉道，甚至出現拒絕醫療、抗命行為。宗教信仰轉化為激進行動主義，在社會秩序脆弱的情況下，容易演變為動亂與分裂。

　　國家對宗教的態度也逐漸兩極化。一方面部分皇帝採取寬容政策，試圖利用新宗教穩定民心；另一方面則有皇帝採取打壓手段，特別對基督教徒進行迫害，指責其破壞傳統、挑戰皇權與引發天災。這些舉措非但未能削弱宗教力量，反而激起更多同情與反抗，強化教會的集體認同。

此外，軍隊內部也逐漸出現宗教派系。許多士兵加入密特拉教等強調勇氣與忠誠的信仰團體，這些教派在軍營中形成緊密組織，甚至影響將領人事與軍紀判斷，宗教信仰變成軍事與政治忠誠的新依據。宗教與軍隊的結合，使帝國治理進一步複雜化。

神祕主義與宗教狂熱的興起，反映出人民面對不確定與苦難的心理求援，也象徵著羅馬社會正從理性與法治導向，轉向以信仰與啟示為主的文化轉型。這一波宗教變動雖未立即改變政權結構，卻為後世羅馬的宗教轉向奠定基礎。

總結而言，三世紀的宗教現象，是帝國崩解過程中不可忽視的一環。神祕主義與宗教狂熱不僅是人民的信仰選擇，更是社會秩序真空下的精神重構。當政權無法提供未來願景，信仰便成為人們最後的堡壘，也為羅馬邁向宗教化帝國開啟了深遠的路徑。

第十節　帝國制度的裂痕無可掩飾

當羅馬帝國進入三世紀晚期，制度性的裂痕已全面浮現，無論在政治、軍事、經濟或宗教層面，過往所依賴的體系皆無法有效應對瞬息萬變的內外挑戰。這些深層問題不再只是偶發事件的疊加，而是帝國結構性疲弱的終極展現。

第三章　邊疆潰圍：軍人皇帝時代的生存抉擇

　　首先是皇權合法性的崩解。從軍人皇帝興起到將領擁立，帝位不再源於元老院授權或世襲正統，而是取決於軍團支持與實力比拼。這種以武力奪權的政權模式導致皇位更替頻繁，造成政策短視與政局不穩，整個帝國陷入無限輪迴的動盪。

　　行政體系也難以為繼。行省長官時常因軍事壓力與資源短缺而無力施政，更有甚者與軍閥合流，建立獨立政權。中央與地方之間的命令傳遞失效，導致法律難以統一執行，財政徵收支離破碎，帝國失去了作為「行政共同體」的能力。

　　在軍事方面，制度性崩壞更為明顯。軍團紀律不再，士兵變成政變工具，將領彼此競爭，軍事行動缺乏統一協調，軍隊不再是國家保衛者，而成為威脅政權的潛在力量。軍費支出占據全部國家資源，卻換不來持久和平，軍事支配了政治，卻無法維繫國家秩序。

　　經濟制度亦全面破產。通膨失控、貨幣貶值、貿易中斷與土地荒廢，使得市場機能崩潰。農村人口逃亡，城市經濟枯竭，公路與港口失修，使物資調度困難重重。整體經濟網絡由中央調度轉為地方封閉，羅馬的經濟重心從帝國轉為各自為政的行省單元。

　　法治與社會規範的削弱，也使人民失去對國家的信任。司法腐敗、官吏貪婪、民怨積壓，使百姓更傾向依賴地方勢力或宗教組織維生。社會自我管理能力雖得以短暫維繫秩序，卻象徵中央政權已無法深入基層，統治逐漸淪為象徵性的存在。

第十節　帝國制度的裂痕無可掩飾

　　宗教面亦顯現制度失靈的後果。官方神祇無法提供信仰安慰，新興宗教與神祕主義成為心靈依靠。教會組織的擴張填補了國家治理的空白，許多基督教會開始扮演地方救濟、教育與秩序管理的角色，反映出帝國治理功能的轉移與替代。

　　這一切制度性裂痕，最終暴露出羅馬帝國作為一個超大型政體，在面對長期壓力下的無力與失控。過往曾支撐羅馬榮光的元老院制度、軍團傳統與法律秩序，在三世紀動盪中被迫調整、轉化甚至崩潰。即使後來出現戴克里先等改革者試圖補救，其成效也只是暫時緩解，無法從根本重建一個穩定而整合的帝國。

　　總結而言，三世紀末的羅馬，已無可掩飾地走到一個制度崩壞的臨界點。這不是某一位皇帝的失敗，也不是單一戰爭或瘟疫的後果，而是整體治理結構的全面耗損。從此以後，羅馬帝國將面對不只是衰退，而是對其存續與再生的根本挑戰。

■第三章　邊疆潰圍：軍人皇帝時代的生存抉擇

第四章
野心與重建：
查士丁尼的榮光與代價

第四章　野心與重建：查士丁尼的榮光與代價

第一節　查士丁尼的改革野望與政治手腕

查士丁尼一世（Justinian I）是東羅馬帝國歷史上最具雄圖偉略的皇帝之一。他於 527 年即位，統治達 38 年之久，其在位期間不僅推動一系列大刀闊斧的改革，試圖復興羅馬帝國的舊日榮光，更展現出卓越的政治手腕，成功鞏固皇權、整頓法制與重構宗教權威。他的治世象徵著東羅馬帝國的短暫高峰，也埋下了未來制度與財政壓力的根源。

查士丁尼出身卑微，並非貴族世家，然而透過其叔父查士丁一世的提拔，他得以進入政治核心。在即位後，他立即展現出對整體帝國改革的決心。他相信皇帝應是神在人間的代表，負有建立地上天國的神聖責任。因此，他不僅視自己為政治領袖，更自詡為法律與信仰的最高守護者。

其改革野心展現在三大核心領域：法律制度、宗教秩序與領土恢復。在法律層面，他委託大法官特里波尼亞努斯（Tribonian）主持編纂《查士丁尼法典》（*Corpus Juris Civilis*），系統整理羅馬數世紀來的法令與注解，建立帝國統一的法律根基，對後世歐洲法治產生深遠影響。

宗教上，查士丁尼力圖統合帝國內部信仰分歧，強化基督教正統地位，打壓異端與多元宗派。他頒布多項法令，確立基督教教義作為國教信仰基礎，並積極介入教會事務，調

第一節　查士丁尼的改革野望與政治手腕

整主教任命權，試圖建立政教合一的秩序。他也整頓修道院制度，推動神學教育，使宗教資源轉化為政權鞏固工具。

此外，他對帝國疆域的恢復同樣懷抱巨大企圖。查士丁尼派遣名將貝利撒留（Belisarius）與納爾塞斯（Narses），先後征服北非的汪達爾王國與義大利的東哥德王國，短暫恢復帝國對西部舊領的控制。他自認為完成羅馬統一夢，並於官方文書中強調自己為「凱撒與奧古斯都的繼承者」。

這些改革與征服需要龐大財政支出與行政協調，查士丁尼遂依賴一批高效而忠誠的大臣與官僚，如財政長官卡帕多西亞的約翰（John the Cappadocian）以鐵腕手段徵稅、掌控預算；大法官特里波尼亞努斯則主導法制重構，並以其學養鞏固法統；他的皇后塞奧多拉（Theodora）更是政治生涯中不可或缺的盟友，時常在宮廷與官僚爭鬥中發揮決策影響力。

查士丁尼展現出強烈的決策意志與操作能力，對官僚體系實施整肅，並藉由密探與巡察制度監控地方貪腐，提振中央集權效率。他也重視對外宣傳，透過壁畫、銘文與官方紀錄鞏固其帝王形象，將其統治塑造成天命所歸的政治神話。

然而，這種全面統治雖具短期成效，卻也顯露出其體制過度集中、對異見容忍度低與財政壓力沉重等問題。民間對稅賦與軍役不滿逐漸升高，地方社會在中央監控下失去自主調節空間，國家雖表面強盛，內部實存諸多隱憂。

■第四章　野心與重建：查士丁尼的榮光與代價

　　總結而言，查士丁尼的改革野望與政治手腕，成就了一段短暫卻輝煌的帝國中興。他的治世兼具法治重整、宗教整合與軍事擴張的綜合成果，但也為帝國日後的行政僵化、經濟透支與社會壓力埋下伏筆。查士丁尼是一位典型的「建構型君主」，在高壓下重塑帝國權力結構，其光榮與代價，同樣深植歷史記憶之中。

第二節　尼卡暴動與政權鞏固的血腥洗禮

　　西元 532 年，查士丁尼的統治迎來一次嚴峻的考驗——尼卡暴動（Nika Riots）。這場起源於君士坦丁堡競技場的騷亂，不僅幾乎推翻皇權，更揭示了當時社會矛盾與政治不滿的深層裂痕。最終，在一場血腥鎮壓後，查士丁尼得以保住皇位，但也從中學會如何以更為高壓與技巧的方式鞏固政權，其代價則是數萬市民的性命與城市的浩劫。

　　事件的導火線與賽馬黨派有關。當時帝國的城市民眾主要分屬於「藍黨」（Blues）與「綠黨」（Greens）兩大競技團體，原本以賽馬競技為主，但實際上早已具有政治與社會代表性。藍黨代表較富裕與正統教會支持者，綠黨則涵蓋較多平民與異端信仰同情者。兩黨之爭長期激烈，並常演變為街頭衝突。

第二節　尼卡暴動與政權鞏固的血腥洗禮

　　查士丁尼初期支持藍黨，希望以其維持秩序，但當藍綠雙方對高稅收、貪腐與中央專制日益不滿時，雙方竟前所未有地聯合起來，共同反對皇帝。暴動於競技場爆發，數萬人高呼「尼卡！」（意為「勝利」），呼籲推翻查士丁尼，甚至擁立一名反對派貴族為新皇帝。

　　短短幾日內，暴徒攻入皇宮周邊，焚毀市政廳與教堂，君士坦丁堡陷入無政府狀態。查士丁尼一度考慮逃離皇宮，但皇后塞奧多拉堅決反對，據傳她宣稱：「帝袍不是用來逃跑的，我寧可死為皇后，也不活為亡命之人。」這番話鞏固了查士丁尼的決心。

　　隨後，查士丁尼調遣信任將領貝利撒留與門杜斯（Mundus），聯手展開殘酷鎮壓。軍隊封鎖競技場，在一場預謀的屠殺中殺害近三萬人，幾乎將所有示威者一網打盡。暴動就此平息，政權得以恢復，但城市與民心卻留下深刻創傷。

　　尼卡暴動之所以迅速蔓延，除黨派仇恨外，亦與民眾對查士丁尼改革的不滿有關。高壓稅制與反異端政策引發平民與宗教異見者的怨恨，而嚴苛的官僚體系與密探制度則加劇社會不信任。暴動因此不僅是偶發民變，而是一場匯聚政治、社會與宗教矛盾的總爆發。

　　事後，查士丁尼加強中央集權與資訊控管，進一步整頓軍隊與官僚，強化皇室與軍事結盟，並大幅削弱貴族與黨派的政治影響力。他亦以重建為名，在暴動後重塑城市景觀，

■第四章　野心與重建：查士丁尼的榮光與代價

最著名者即是重建聖索菲亞大教堂，作為帝國榮耀與神權正統的象徵，轉化民眾記憶並鞏固其政治正當性。

總結而言，尼卡暴動是查士丁尼統治過程中最具轉折意義的事件之一。它揭示了帝國社會張力與政治對立的深度，也顯示查士丁尼如何以鐵血手段化危機為機會，從一次幾乎致命的政變中蛻變為絕對皇權的象徵。他的統治因這場血腥洗禮而更加堅固，但也更加高壓，帝國自此邁向以權力集中與宗教神權為支柱的新階段。

第三節　聖索菲亞教堂與神權象徵

聖索菲亞大教堂（Hagia Sophia）是查士丁尼治下最具代表性的建築成就，也是他用以重塑皇權與神權正統地位的空間象徵。這座屹立於君士坦丁堡心臟地帶的教堂，不只是宗教場所，更是一座帝國意志的石造宣言，昭示皇帝作為地上神權代言人的形象，也重新編織政權在民眾心中的精神權威。

原本的聖索菲亞教堂始建於四世紀，但在 532 年尼卡暴動中被焚毀。查士丁尼將重建教堂視為一項政治與宗教上的必要行動。他在暴動平息後不久即下令重建，並親自監督工程進度，展現出皇帝對宗教與帝國未來的掌控。據《教會史》記載，當教堂完工時，查士丁尼曾仰望穹頂並宣稱：「所羅門

第三節　聖索菲亞教堂與神權象徵

啊，我超越你了！」這句話不僅反映其自信，更表達他欲與古代神聖王者並駕齊驅的雄心。

新建的聖索菲亞教堂採用了當時最先進的建築技術，由數學家安特米烏斯與伊西多爾主持設計。穹頂直徑超過 30 公尺，浮於四根巨大柱石之上，在陽光照射下彷彿懸浮空中，象徵神靈之光降臨世間。整體空間強調垂直與中心性的對齊，導引信徒視線直達穹頂中央的基督聖像，將視覺經驗轉化為神聖經驗，構成視覺政治的一部分。

建築材料來自全帝國，包括希臘的大理石、埃及的紅花崗岩與敘利亞的綠石，象徵羅馬統合萬邦的帝國理想。教堂內部布滿馬賽克與浮雕，描繪基督、聖母與眾天使，以及查士丁尼與塞奧多拉將教堂模型奉獻給聖像的場景，形塑皇權與神聖不可分割的形象。

聖索菲亞也成為政權儀式的空間核心，歷代皇帝加冕、重大節慶與政令宣示皆在此舉行，鞏固政教結合的合法性。查士丁尼深知建築的象徵力量，因此聖索菲亞不僅是建築壯舉，更是帝國意志的具體呈現，是他整合宗教、法律與軍事改革的精神總結。

此舉亦有對內安撫與對外宣示之意。對內而言，經歷尼卡暴動後的君士坦丁堡百廢待舉，聖索菲亞教堂提供了精神與文化的重建中心，使市民重新認同城市與帝國的榮光；對外而言，教堂的建成向波斯與日耳曼世界展示羅馬尚存其神

■第四章　野心與重建：查士丁尼的榮光與代價

聖與力量，象徵帝國仍具領導地位與文化優越。

然而，這座神聖殿堂的建成亦加深帝國的社會負擔。高昂建築成本由全帝國稅收負擔，財政壓力進一步擴大。地方行省的稅賦徵收日益沉重，引發民怨與抗議，使帝國在光鮮壯麗背後蘊含著沉重的壓力與不穩定因子。

總結而言，聖索菲亞大教堂不僅是拜占庭藝術與建築的巔峰，更是查士丁尼統治哲學的具體實踐。它融合了帝國的神聖象徵、皇權合法性與文化自信，是一座宗教與政治高度整合的權力舞臺。教堂之巍峨，並非僅為膜拜所建，更是為皇帝自身的永恆記憶所築。

第四節
《查士丁尼法典》與法治精神的重整

查士丁尼對法治的重視，是其整體帝國建設藍圖中不可或缺的一環。他理解到，若欲恢復羅馬榮光並鞏固政權根基，必須有一套統一、清晰且具神聖性的法律體系，以取代彼時混亂、繁雜且時常相互矛盾的法律實踐。於是，在位初期即推動大規模法典整理與重編工作，成果即是後世所稱的《查士丁尼法典》(*Corpus Juris Civilis*)。

第四節 《查士丁尼法典》與法治精神的重整

此法典的編纂工作由皇帝親自授權,並由大法官特里波尼亞努斯(Tribonian)負責主導,召集多位資深法學家與官員參與,歷時多年完成。整個法典包含《法典》(*Codex*)、《學說彙編》(*Digest*)、《法理概要》(*Institutes*)與《新法》(*Novellae*)四大部分,分別整理皇帝詔令、古代法學家的註釋、初學者入門手冊與查士丁尼即位後的新頒法令。

其中,《法典》整合過去皇帝詔令,自戴克里先至狄奧多西以來的諸多條文,將其去蕪存菁後重新編目,明確列出適用條件與實施細則。《學說彙編》則彙整古羅馬法學家如蓋約(Gaius)、烏爾比安(Ulpian)等人的法律意見,象徵著羅馬法學進入學理系統化的新階段。這不僅是對古法的保存,也讓未來法官與行政官有可據以斷案的權威依據。

《查士丁尼法典》的頒布具有多重意涵。首先,它強化了皇帝作為法律最高源頭的地位,將一切法律效力收束於皇權之下,實現政法合一。其次,它確立了以理性與秩序為原則的法治價值,使帝國統治得以透過規範而非恣意執行。再者,它提供訓練官吏與法官的法學教材,促進帝國行政人員水準提升,建立較為專業的官僚體系。

在實務層面,法典使得行省法律與首都法律得以一致,降低因地制宜造成的裁量落差。這對維持帝國邊疆的穩定具有關鍵作用,特別是在西方行省短暫收復後,透過法典推動制度整合,重新輸出東羅馬的制度模式。

第四章　野心與重建：查士丁尼的榮光與代價

然而，《查士丁尼法典》雖然標榜理性與公正，其實際實施仍伴隨高壓與選擇性執法。皇帝經常藉由法條對異見份子、財政對象與宗教對手進行打壓，使法治成為權力延伸的工具。此外，對婦女、奴隸與異教徒的法律規定仍具明顯歧視性，顯示其所謂「正義」仍然內建當時階級與信仰的偏見。

儘管如此，《查士丁尼法典》對後世意義深遠。其在中世紀由西方修道院保存，並於十一世紀經由義大利波隆那法學院重新發掘，成為歐洲大陸法系發展的核心依據，間接影響德、法、義等國現代法制。即使今日，多數歐洲國家的民法基礎仍可追溯至查士丁尼時期的法理架構。

總結而言，查士丁尼藉由法典重構帝國治理秩序，將法律轉化為政治合法性與社會穩定的支柱。他的法治工程，不僅鞏固自身政權，更為世界文明史留下堅實的制度遺產。儘管法典自身仍有其局限，但在當時混亂與衝突的環境下，它提供了一套結合理性、權力與信仰的統治工具，也象徵著古典法治精神的一次歷史性重生。

第五節　非洲征戰與迦太基的重獲

查士丁尼的帝國夢想並不止於內部改革，他更將目光投向昔日西羅馬帝國的失地，尤其是北非的汪達爾王國。自西

第五節　非洲征戰與迦太基的重獲

元 439 年汪達爾人奪取迦太基後，該地區便脫離羅馬掌控近百年。查士丁尼認為，重奪這片曾是帝國糧倉的土地，不僅具有軍事與經濟價值，更是實現他「恢復羅馬」理想的重要一步。

西元 533 年，查士丁尼任命年輕而富有軍事天賦的貝利撒留（Belisarius）為北非遠征主帥，領兵兩萬餘人由君士坦丁堡出發，橫越地中海直奔迦太基。此次遠征行動雖規模不大，但計畫周密，並取得教宗與地中海貿易商的協助，確保補給與情報網絡無虞。

汪達爾王國當時正處於內部紛爭與統治疲弱之際，國王蓋利默（Gelimer）在信仰分歧與貴族叛變中難以穩定統治。羅馬軍隊於阿得底斯姆（Ad Decimum）與特里卡馬魯姆（Tricamarum）兩戰皆捷，迅速攻陷迦太基，革列美爾被迫逃亡，終在次年投降。

迦太基的重獲不僅是軍事上的勝利，也象徵著羅馬對西地中海地區的重新主導。查士丁尼頒布詔令恢復當地羅馬法律與行政制度，重建基礎設施與教會組織，將其納入帝國正式版圖。他並未設立軍政總督，而是直接派遣皇室代表管理，顯示對此地的高度重視。

然而，統治非洲並非易事。當地遭受長期汪達爾統治後，社會結構與文化已與東羅馬迥異，宗教上亦存在天主教與亞流派的深層對立。查士丁尼採取高壓政策，壓制非正統教派與地方貴族，引發數次叛亂與騷動。駐軍壓力增大，地

■第四章　野心與重建：查士丁尼的榮光與代價

方官吏貪腐問題也漸漸浮現。

此外，帝國為維持對北非的控制，需長期派遣軍隊駐守並資助當地行省行政，這對本已緊張的國庫造成進一步壓力。軍事支出與補給線拉長，也使帝國逐漸陷入財政與資源雙重困境。

儘管如此，非洲遠征仍被視為查士丁尼統治中最成功的對外戰事之一。其不僅大幅提振皇帝威望，也穩定地中海南部航道與貿易線。對查士丁尼而言，這是他「帝國再生計畫」的重要里程碑，也是向世人宣示羅馬之名仍具征服與統治的能力。

總結而言，非洲征戰與迦太基的重獲，不僅是一次軍事與政治的成功案例，更反映出查士丁尼如何運用軍事手段配合行政整合，實踐他對帝國統一與復興的理想。這場征服雖非毫無代價，卻象徵著東羅馬帝國於地中海世界的再度崛起，也預示著後續更為艱困的義大利戰役與西部復興挑戰。

第六節　哥德戰爭與義大利苦戰

查士丁尼在成功收復北非後，將帝國的軍事焦點轉向義大利半島。該地自西元 476 年西羅馬帝國滅亡後，由東哥德王國統治，其王國在狄奧多里克大帝治下曾展現短暫的穩定與文化融合。然而，隨著其死後王國陷入內部繼承糾紛，查

第六節　哥德戰爭與義大利苦戰

士丁尼視此為收復西部領土的良機，遂展開長達近二十年的哥德戰爭（Gothic War）。

戰爭於西元 535 年爆發，查士丁尼再次派遣貝利撒留率軍進軍西西里，並迅速奪取該島與拿坡里。不久後，羅馬也被攻占，哥德王維蒂吉斯（Vitiges）退守拉文納。貝利撒留在西元 540 年成功攻陷拉溫那並俘虜維蒂吉斯，令義大利形式上回歸東羅馬統治。

然而，查士丁尼對貝利撒留的戰功始終心存戒備，不願授予其更大權力，因而在關鍵時刻命其返回君士坦丁堡。此舉導致戰線未能穩固，義大利北部隨即陷入混戰。哥德殘餘勢力在新王托提拉（Totila）領導下重新集結，自南義起兵反攻，一度重新奪回羅馬。

戰爭進入第二階段後，查士丁尼任命年邁但政治手腕靈活的納爾塞斯（Narses）為總指揮，率領新軍重返義大利。經過數場艱苦會戰，特別是在塔古尼戰役（Taginae）擊敗托提拉後，哥德勢力終於潰散。至西元 554 年，東羅馬帝國正式頒布詔令，將義大利納入帝國行省體系。

儘管戰事最終勝利，但其代價極其慘重。義大利在長年戰火下破敗不堪，城市被毀、農地荒蕪、人口大減，昔日文化重鎮成為廢墟。羅馬城數度遭圍攻與洗劫，其政治與宗教影響力大為衰退，甚至教宗需一度遷移避難。哥德戰爭表面上是東羅

■第四章　野心與重建：查士丁尼的榮光與代價

馬的軍事凱旋，實則是對義大利社會結構的徹底摧毀。

此外，長期戰爭使帝國財政更加吃緊，兵力大量耗損，使得東方邊疆防禦能力下降。波斯在此期間多次襲擾邊境，帝國不得不簽訂高額賠款的停戰協議以換取西方戰事的持續。

哥德戰爭的殘酷，也令查士丁尼的西部復興理念受到質疑。許多批評者認為，他過度理想化舊羅馬帝國的復興可能，卻忽視當前地緣與社會條件的差異。義大利的重建需數十年，且始終未恢復昔日輝煌，而帝國對該地的實質掌控也因當地不滿與內部腐敗而搖搖欲墜。

總結而言，哥德戰爭既是查士丁尼軍事擴張的頂點，也顯示其政策的極限。在帝國中央政權試圖恢復對西方領土的控制過程中，暴露出行政延伸的困難與資源調度的疲態。雖然地圖上的帝國變得更完整，但背後所承載的破壞與傷痕，卻預示著東羅馬未來所要面對的更加複雜與艱鉅的統治挑戰。

第七節　西部帝國復興夢的幻滅

查士丁尼登基伊始，即立下恢復羅馬帝國榮光的宏願，其對西部失土的軍事行動正是實踐此理想的具體手段。從北非的征服到義大利的苦戰，表面上看似帝國重新掌控了地中海世界，但實質上，這一連串戰役所帶來的破壞與負擔，已

第七節　西部帝國復興夢的幻滅

悄悄蠶食了查士丁尼帝國夢的根基，最終導致西部復興夢的全面幻滅。

首先，義大利雖在軍事上重新納入東羅馬版圖，但實際治理困難重重。長年戰亂導致農業崩潰、城市空心化與稅收枯竭，中央無力進行有效重建。羅馬與拉文納等傳統中心城市人口驟減，商業活動停滯，居民為逃避兵役與稅賦大量外逃。地方貴族與教會趁勢壯大勢力，中央對行省的控制逐步流於形式。

再者，東羅馬雖奪回義大利，但缺乏穩定後勤與可靠盟友。地中海西部航道不穩，海盜橫行，補給線屢遭襲擾。查士丁尼為保持對新領土的控制，不得不在當地長期駐軍與設置軍政總督，耗費大量軍費與行政成本，加劇帝國財政壓力，也削弱東方邊疆的防禦能力。

在此期間，波斯於東線多次發動襲擾戰事，迫使查士丁尼簽下高額賠款的和約，換取東線短暫和平。這種「以東養西」的戰略使帝國處於兩線拉扯的尷尬處境，邊防警備出現漏洞，也為後來外敵入侵埋下伏筆。

查士丁尼原本亦有意將征服擴展至西班牙，於西元 554 年派兵進占部分南部沿岸地區。然而，面對西哥德王國的堅強抵抗與後勤支援困難，征服行動陷入停滯。最終帝國僅得控制小部分沿岸行省，無法深入內陸，更遑論重建西羅馬帝國的全貌。

第四章　野心與重建：查士丁尼的榮光與代價

　　西部征服行動的後果亦波及帝國內部結構。重稅與徵兵加劇民怨，導致社會流動停滯與農村人口流失。為填補稅基，帝國對農民施加更嚴格控制，部分地區開始出現依附地主的早期農奴制度。傳統市民社會與共和精神在戰後瓦解，取而代之的是以教會與軍事階層為核心的新型社會秩序。

　　西部復興夢的幻滅，不僅是軍事與行政層面的失敗，更是整體治理理念的撞牆。查士丁尼未能意識到，昔日西羅馬的統治模式早已不符時代條件，復興之路並非單靠武力與法令即可完成。對土地與人民的再組織，才是帝國統一的真正基礎，這一點在其統治末期已顯得力不從心。

　　到了查士丁尼晚年，他雖名義上掌控大片領土，但其帝國已現疲態。西部土地名存實亡，統治形同空殼；東方邊疆屢受威脅，城市重建停滯，人民生活困苦。這些現象逐漸瓦解其帝國再生的神話，也宣告了東羅馬作為羅馬正統延續者的神話首次受到嚴峻挑戰。

　　總結而言，查士丁尼的西部復興夢最終難逃幻滅結局。在短暫的軍事榮光後，帝國付出了沉重的代價：經濟凋敝、社會緊張與治理失靈。這一歷史階段不僅揭示了理想與現實的矛盾，也為後世提供關於帝國極限與治理尺度的深刻省思。

第八節　政教關係的再定位

查士丁尼治下的東羅馬帝國，政教關係發生了深刻轉變。他不僅將基督教確立為國教正統，更將自身視為「上帝的副手」與教會的保護者，開啟了一種前所未有的「凱撒教宗制」趨勢。在這種制度中，皇帝不僅是國家元首，也是宗教秩序的最高仲裁者，政教合一的理念被進一步制度化，為拜占庭政治文化奠定了深遠基礎。

查士丁尼上任後即致力於整合基督教內部分裂。他面對的最大挑戰是正統信仰與多種異端之間的爭端，尤其是以基督單性論為代表的地方教派。他透過召開教會會議、任命主教與頒布教義法律，積極介入神學爭議，試圖統一帝國信仰，維持宗教一致性。

特別值得一提的是，他重新確認基督雙性論為正統，並打擊反對派教義。他在法律中明定異端為非法，不得傳教或擔任公職，甚至可由國家處以財產沒收或放逐處分。這種作法有效壓制異端擴散，亦使教會組織服從於皇權意志。

查士丁尼也大力推行修道院制度的整頓。他要求修士遵守國家頒布的規範，並由政府派員定期巡查，防止教會成為獨立權力體系。此外，他鼓勵主教興辦教育、照護病患與救濟貧民，使教會在行政與社福上成為皇權的輔助工具。

第四章　野心與重建：查士丁尼的榮光與代價

　　在禮儀與建築層面，他透過重建聖索菲亞教堂，創造出一種融合宗教神聖與帝王威嚴的空間象徵。皇帝參與宗教典禮時不再僅是旁觀者，而是儀式的主體與核心。這不僅強化皇帝神授統治的形象，也重新定義教會對政權的依附關係。

　　這種政教一體的運作方式使帝國在短期內取得高度一致性與穩定。然而，查士丁尼的政策也引發地方教區與非希臘文化地區的不滿。埃及、敘利亞與亞美尼亞等地的教徒對皇帝干涉信仰表達強烈抗議，局部甚至爆發宗教騷亂，顯示政教融合也潛藏社會分裂風險。

　　在外交層面，政教政策亦影響東羅馬與西方教會的關係。羅馬教宗原本在查士丁尼初期政策中扮演協力角色，但隨著東西教會在教義、禮儀與教權分配上歧見加深，教宗與皇帝之間逐漸產生張力，為日後東西教會正式分裂埋下伏筆。

　　儘管如此，查士丁尼成功塑造皇帝作為信仰守護者的範式。他建立的政教體制，使得皇權在教會系統中擁有實質決策力，並透過宗教鞏固國民認同與帝國正當性。在拜占庭歷史中，此種模式延續數百年，成為區別於拉丁西方的重要政治特徵。

　　總結而言，查士丁尼對政教關係的再定位，是其統治哲學的核心展現。他將宗教納入政權控制體系，藉以重建秩序與推行統一政策，同時也強化帝國文化認同與象徵體系。雖然這種體制帶來長期穩定，但也種下未來地區宗教對立與中央與地方張力的根源，展現了政教合一治理模式的兩面性。

第九節　財政困境與國內不滿升溫

查士丁尼治下的東羅馬帝國，在對外戰爭、內政建設與宗教整合上取得短期成果，但這一切光鮮背後，是極其龐大的財政負擔。隨著戰事持續、公共工程擴張與官僚機構膨脹，帝國國庫面臨日益嚴重的資金枯竭，對民間經濟與社會結構造成劇烈衝擊，最終導致廣泛的民怨與地方不穩。

首先是軍費支出的急遽上升。查士丁尼接連發動非洲、義大利與西班牙戰役，且需長期維持駐軍與重建占領區行政體系，使國防開支長期占據帝國財政主體。面對軍需龐大，中央不得不增加賦稅，向農民、商人與教會徵收更多物資與貨幣，連以往受保護的宗教機構也被課以稅負，引發教會不滿。

其次，查士丁尼的建設計畫同樣耗資巨大。聖索菲亞教堂的重建、君士坦丁堡城牆與水道的整修，以及多項行省基礎設施工程，都需要大量金錢與人力投入。為籌措經費，政府採取提高地稅、商稅與特許權費的手段，加重人民負擔。

為改善稅收效率，查士丁尼授權官僚實施高壓稅政，並鼓勵財政官員追稅獎勵制度。這導致地方貪汙盛行，稅吏苛刻無情，常以武力脅迫農民繳稅，甚至以誣告手段剝奪土地產權，引起基層民眾普遍不滿。多地出現自發抗稅、逃亡與零星暴動。

第四章　野心與重建：查士丁尼的榮光與代價

　　此外，帝國為填補國庫，頻繁貶值貨幣，導致通膨問題加劇。金幣純度下降，市場信用動搖，物價飆漲，民生物資緊缺。城市勞工與小商戶首當其衝，失業與貧窮蔓延。特別是在義大利與北非新占區，戰後經濟尚未復甦即被徵收重稅，使當地社會怨聲載道。

　　財政困難亦波及國家行政系統。查士丁尼被迫削減部分文官薪資與軍隊撫卹金，引發軍中不滿。曾有紀錄指出，部分駐防邊疆的士兵因長期未領薪而哄動，甚至發生內部叛變。此等情況嚴重威脅帝國邊防穩定，也削弱皇權威信。

　　民間的不滿逐漸累積成結構性社會問題。農村人口因負擔過重而破產，開始依附於大地主與教會，導致小農消失、土地集中化，並催生早期的封建依附關係。城市中，平民階層與貴族距離擴大，社會流動日趨困難，貧富差距拉大，階級衝突加劇。

　　查士丁尼本人雖非不知民間困苦，但其一心致力於帝國復興與神授使命，使其統治手段日益剛硬。在其晚年，他雖數次調整稅政與巡查官吏腐敗，但終究無法逆轉整體財政惡化與民心流失的趨勢。

　　總結而言，查士丁尼的財政困境與國內不滿並非單一政策失當所致，而是整體帝國擴張策略與集中治理模式下的必然結果。當戰爭與建設的雄心與國力出現落差時，最先承受衝擊的便是基層百姓與社會穩定。這一階段的內部壓力，為

日後東羅馬帝國政治與經濟動盪埋下伏筆，也顯示即使最具雄心的皇帝，亦無法憑一己之力克服歷史與制度的重量。

第十節　查士丁尼的歷史雙重面貌

查士丁尼一世在東羅馬帝國歷史上留下了極為鮮明的歷史印記，他既被後世讚譽為「最後的羅馬人」，也是不少史家筆下的高壓統治象徵。他的一生猶如鏡面，映照出帝國輝煌與重建的榮光，同時也揭示集權統治與社會負擔所帶來的深刻危機。

從正面觀之，查士丁尼確實是帝國復興的象徵。他統治期間完成法典編纂，重塑羅馬法體系，其所主持的《查士丁尼法典》成為日後歐洲大陸法的基石。他的建築成就、特別是聖索菲亞大教堂，不僅彰顯拜占庭藝術的巔峰，也展現出他以建築彰顯神授統治的政治策略。更不必說他成功收復北非與義大利的戰果，將帝國疆域短暫拓展至昔日西羅馬的邊界。

在宗教政策上，他致力於統一信仰，壓制異端，鞏固基督教為帝國正統的地位，強化皇帝作為神權守護者的角色。他將教會納入國家機器，有效地整合信仰與統治，使國家政策得以深入人心。

然而，從另一角度來看，查士丁尼的統治亦深具爭議。他的對外擴張雖帶來短暫榮光，卻耗盡帝國財力，使東方邊

第四章　野心與重建：查士丁尼的榮光與代價

防空虛。其法治雖強化行政效率，卻也成為高壓手段的法源依據。他藉法條打壓異見，藉官僚機構剝削基層，民怨四起，社會階級分裂日益加深。

查士丁尼亦為帝國中央集權的推手。他整肅元老與貴族，建立強大的官僚與軍事機構，但也因此壓縮地方自主與社會彈性。政教合一雖造就秩序穩定，卻抹殺宗教多元與地方文化，使邊疆地區離心趨勢升高。

其對待異端與非希臘族群的高壓策略，招致敘利亞、埃及與亞美尼亞地區長期不滿。這些地區後來成為伊斯蘭崛起後最先脫離東羅馬統治的行省，顯示查士丁尼政策雖能在短期凝聚帝國，卻也埋下長遠裂解的種子。

查士丁尼的歷史評價也隨著時代而轉變。拜占庭史家如普羅科匹厄斯（Procopius）在其著作《戰爭史》中盛讚其功業，然而在《祕史》中卻尖銳批評其暴政與奢侈，顯示當代人對其統治的矛盾觀感。近代學者則多強調其統治的制度意義與文化遺產，認為他是將古典羅馬精神延續至中世紀的重要橋梁。

總結而言，查士丁尼是帝國歷史中最具矛盾性的君主之一。他集法治之功與高壓之失於一身，兼具文化建設者與社會壓迫者的雙重角色。他的統治是一段高舉帝國理想與強化皇權的黃金時代，也是一段代價高昂與矛盾深埋的危機年代。他的歷史雙重面貌，不僅來自成就與失誤的並存，更來自理想與現實的角力，是帝國榮光背後無法忽視的陰影。

第五章
信仰與國度：
從邊緣教派到帝國正統

第五章　信仰與國度：從邊緣教派到帝國正統

第一節　基督教的地下擴展與遭遇迫害

在西元一世紀羅馬帝國的廣袤疆域內，一個起源於猶太地區的邊緣信仰正悄然發展。這個信仰便是基督教。它最初僅在耶路撒冷與安提阿等地小規模傳播，但由於其對所有人開放、強調平等與永生的訊息迅速吸引奴隸、下層民眾與婦女信徒，遂在帝國內部逐漸擴張，最終形成一場宗教與社會結構的深層變革。

基督教的早期傳播之所以成功，與羅馬帝國的交通網絡密不可分。經由港口、道路與殖民城市，信徒可迅速將教義擴及義大利、小亞細亞、埃及乃至高盧與不列顛。尤其保羅（Paul）的傳教行動，更將基督教從猶太教的支派轉化為普世性的宗教，將「福音」帶入希臘語世界，使外邦人得以成為信徒，宗教門檻因此降低。

然而，這種迅速擴張的宗教也挑戰了羅馬帝國的傳統秩序。羅馬社會以多神信仰為基礎，皇帝崇拜為政治核心。基督徒拒絕祭拜羅馬諸神與皇帝，被視為「無神論者」、違反社會和諧與國家忠誠的危險分子。在官方眼中，他們不僅是宗教異端，更是社會不穩的種子。

最早的迫害多由地方長官與民間群眾主導，常因流言或誤解而爆發。基督徒不參與節慶、不食獻祭之物，容易被誤

第一節　基督教的地下擴展與遭遇迫害

認為祕密結社、行巫術、殺嬰祭神等邪教行為。這些誤解與敵意促使地方統治者對其施以刑罰、驅逐，甚至公開處決。

至尼祿（Nero）統治時期，迫害進入國家層次。西元64年羅馬大火後，尼祿將責任歸咎基督徒，首次以皇權發動系統性鎮壓。數百人遭焚刑、餵獅、釘十字架，營造出極為殘酷的恐怖氛圍。雖然這些行動並未撲滅基督教，反而強化信徒間的團結與殉道精神。

此後數世紀間，基督教在迫害與成長間交錯前行。特別在戴克里先（Diocletian）統治末期，帝國實施史稱「大迫害」的全面清洗政策，強迫所有臣民祭拜羅馬神祇，拒絕者將被監禁、勞役或處死。成千上萬的基督徒殉道，教會財產遭沒收，聖經被焚毀，主教遭流放，宗教網絡遭重創。

然而，這種壓迫反而使信仰更加根深蒂固。基督教發展出更嚴密的地下網絡，教會組織日益完備，並形成一種受難文化與英雄殉道傳說，強化信仰社群的凝聚力。許多信徒於地下墓穴（catacombs）中舉行祕密聚會，形成堅不可摧的隱蔽社群。

基督教的倫理與互助精神，也在動盪時期展現高度社會功能。當瘟疫、戰亂與饑荒來臨時，基督徒往往主動照顧病人、施粥賑災，與政府腐敗與社會冷漠形成鮮明對比。這使得教會獲得許多同情與支持，並吸引更多改宗者，信仰逐步從邊緣轉向主流。

■第五章　信仰與國度：從邊緣教派到帝國正統

到西元三世紀末，儘管仍不時遭受打壓，基督教已不再是微弱的邊緣群體，而是遍布帝國的社會力量。主教、長老與執事等職位確立，地方教會與教徒社群互相聯繫，形成初步的跨地域組織結構。城市中的教會建築逐漸浮現，信仰已不再只能潛伏於地下，而開始公開展現。

總結而言，基督教在羅馬帝國初期的地下擴展與遭遇迫害，正是一段信仰在壓迫中成長的歷程。正是這段血與火的歷史，塑造出教會堅毅不屈的精神與制度基礎，也為其日後走向國教鋪平了道路。在殉道與希望交織的歲月中，信仰逐漸化為一股不可逆轉的歷史洪流。

第二節　君士坦丁的宗教轉向與米蘭詔書

西元四世紀初，羅馬帝國在長期的軍政動盪與宗教緊張中，迎來了一場深遠的信仰轉變。這一轉變的主角，正是日後被尊為「大帝」的君士坦丁（Constantine the Great）。他不僅是第一位改宗基督教的羅馬皇帝，更在政治與宗教交會的歷史十字路口，透過頒布《米蘭敕令》（Edict of Milan）為基督教開啟合法化與國教化的歷程，徹底改寫羅馬與基督信仰的命運。

君士坦丁的宗教轉向，並非一夕之間的啟示，而是在政治博弈與個人信念交織下漸進發展的選擇。西元 312 年，他

第二節　君士坦丁的宗教轉向與米蘭詔書

與競爭對手馬克森提烏斯（Maxentius）在米爾維安大橋展開決戰。據傳，君士坦丁在戰前夢見十字架形象與神諭「靠此得勝」（in hoc signo vinces），遂命令軍隊於盾牌與旌旗上繪製基督符號 Chi-Rho，最終獲得勝利。

這場戰爭之勝，被後來的教會史家視為神助的證明，君士坦丁本人亦逐步傾向基督信仰。隔年，他與東部共治者李錫尼（Licinius）在米蘭共同簽署詔書，允許基督徒公開信仰、歸還教產與建造教堂，確立基督教與其他宗教信仰平等的地位。《米蘭敕令》實為宗教自由的里程碑，其對帝國宗教政策產生革命性影響。

詔書的內容雖未宣布基督教為國教，但卻終結長達數世紀的迫害，使教會首次取得合法地位與皇權庇護。教會建築如雨後春筍般出現，主教成為地方領袖，信徒數量激增。許多曾於迫害時期受損的教會財產得以歸還，甚至獲得皇室捐贈，財力迅速成長。

君士坦丁的宗教政策亦深具政治考量。在多神信仰逐漸失去凝聚力的背景下，他以基督信仰作為帝國整合工具，不僅可籠絡下層民眾與東部教會，也可制衡仍依附傳統宗教的貴族勢力。他設立教會議會，介入主教任命，並開始塑造皇帝作為信仰守護者的角色，開啟政教共構的新時代。

此外，君士坦丁於 330 年遷都至東方的拜占庭（後稱君士坦丁堡），亦顯示其宗教與政治雙重布局。他將新都打造成

第五章　信仰與國度：從邊緣教派到帝國正統

基督信仰的中心，大興教堂與基督宗教設施，象徵基督教從邊緣進入權力核心，與帝國命運緊密交織。

然而，君士坦丁本人並非傳統意義上的虔誠基督徒。他直到臨終前才接受洗禮，生前仍保留對部分異教儀式的參與。他的宗教政策更多呈現實用主義與政治操作色彩，其對教會的支持亦伴隨對其控制的意圖，顯示政教互動的微妙平衡。

儘管如此，他的影響深遠無可置疑。君士坦丁開啟一條不同於過往迫害與隱匿的信仰之路，使教會從地下轉入地上，從受難群體轉變為帝國核心制度的一部分。這場轉向不僅是宗教歷史的分水嶺，更是帝國治理思維的轉型象徵。

總結而言，君士坦丁的宗教轉向與《米蘭敕令》的發布，是基督教由邊緣走向中央、由非法走向合法的關鍵節點。從此以後，帝國不再只是統治疆域與人民的政治機構，而逐步演變為一個以神權為支柱的信仰國度。這種融合，將深刻影響日後歐洲的政治文化、宗教制度與歷史路徑。

第三節　尼西亞會議與教義統一的工程

基督教在合法化之後迅速擴展，但隨著信徒增加與地方教會興起，教義分歧與內部矛盾亦日益明顯。不同地區的主

第三節　尼西亞會議與教義統一的工程

教對於基督本質、三位一體、聖靈地位等核心信仰持有不同見解，導致各種教派林立、相互攻訐。此情況不僅威脅教會團結，也影響帝國政局穩定。因此，君士坦丁決定親自介入教義爭議，召開史上首次全帝國主教會議——尼西亞會議（Council of Nicaea）。

西元325年，君士坦丁召集來自帝國各地的主教約三百餘人齊聚比提尼亞的尼西亞（今土耳其境內伊茲尼克），以解決亞流派（Arianism）引發的爭議。亞流派主張基督為上帝所創，具有從屬地位，不具備與上帝同等的本質，這一論點對傳統三位一體教義構成嚴重挑戰，引起亞歷山大主教亞他那修（Athanasius）等人的激烈反對。

會議在皇帝主持與軍隊維安下展開，象徵君士坦丁不僅是政治領袖，也成為信仰裁決者。經過多日激烈辯論，多數主教認定亞流學說為異端，支持亞他那修所主張的「同質說」（homoousios），即基督與上帝本質相同。會議最終通過《尼西亞信經》（Nicene Creed），正式確認三位一體信仰架構，作為帝國正統教義的基礎。

除了教義確認，會議亦制定多項教會紀律與行政規範，如主教地區劃分、主教之間位階、節期統一（特別是復活節日期）等，企圖建立統一制度與秩序，使地方教會納入中央主教體系，強化教會整合與對帝國的政治效忠。

第五章　信仰與國度：從邊緣教派到帝國正統

　　君士坦丁的參與不僅限於主持與仲裁，他還命令流放亞流派支持者，沒收其著作，並下令各地教會宣讀《尼西亞信經》，強制推行教義統一。此舉象徵宗教從信仰選擇逐步轉化為帝國政治體系的一部分，教義決定不再僅由神職人員主導，而由政教聯手確立。

　　然而，《尼西亞信經》並未終結教義爭議，亞流派仍於部分行省活動，並在日後獲得若干皇帝短暫支持。這顯示即便在皇權干預下，宗教思想之分歧難以完全統一。但此會議已為後續教會議會制度奠定先例，並強化主教會議作為教義裁定機構的角色。

　　尼西亞會議也重新定義信仰與政治的關係。皇帝不再僅是信仰保障者，更成為教會秩序的塑造者。此舉在制度上促進帝國穩定，卻也引發未來政教干預與宗教自由之間的矛盾張力。教會在皇權庇護下獲得力量，卻也喪失部分自主性。

　　總結而言，尼西亞會議是教會歷史與帝國政治交會的重大轉捩點。它不僅建立起帝國認可的正統信仰，亦標誌皇帝由政務走向信仰治理的角色轉化。自此，教義不再只是神學論爭，更成為統治合法性與帝國統一的工具。這一工程所建構的信仰藍圖，將持續影響基督宗教千年發展，也深深改寫信仰與政權之間的權力邊界。

第四節　教會階層化與制度建構

基督教由地下信仰邁入帝國正統的歷程，不僅改變了其宗教地位，更徹底轉變了其組織結構。從早期以地方團體為單位、由信徒間互選領袖的鬆散聚會模式，教會逐漸演化為一套高度層級分明、權力集中並與國家結構緊密結合的制度體系。這一過程，不僅重塑宗教生活，也為日後中世紀歐洲的政治與文化打下深遠基礎。

在合法化之初，教會面臨最急迫的挑戰之一，便是信徒爆炸性成長與各地教義不一所帶來的管理難題。主教制度成為整合教會的關鍵工具。主教（bishop）不再只是地方教會的牧者，而是地方行政與信仰的雙重領袖。他們掌握祭儀、教義詮釋與教會財產管理權，也開始參與帝國治理。

以主教為中心的教會行政區，依地理劃分為教區（diocese），各教區設有長老（presbyter）與執事（deacon）協助事務。主教之上，是都主教（metropolita），統轄一整個大行政區的教會事務。最終形成「五大牧首區」制度，即君士坦丁堡、羅馬、安提阿、亞歷山大與耶路撒冷，分別主導各自宗教圈。

這種制度化有助於統一教義與維護秩序，亦利於與帝國政權配合。主教與地方官員互為依靠，協助推行皇帝宗教政策，平息異端，穩定社會。主教同時被視為道德楷模與社會

第五章　信仰與國度：從邊緣教派到帝國正統

公義的代言者，得以在民間建立高度信任與威望。

教會制度的強化也展現在文書與財政管理上。帝國鼓勵教會建立文書檔案、會計紀錄與土地登記，使教會成為具備現代行政能力的機構。信徒捐獻與皇帝賞賜構成龐大教產，為教會提供豐沛經濟基礎，亦進一步擴大其社會影響。

為因應信仰實踐與教育需求，教會亦設立神學院與修道院，培育神職人員與知識分子。這些機構成為思想與文化的核心場所，保存經典、教授拉丁文與神學，建立起教會文化優勢。教會不僅是信仰社群，更成為知識階層與政策顧問的搖籃。

不過，教會階層化也引發權力集中與貪腐問題。部分主教貪圖權勢，與貴族結盟，利用教會資源擴展個人利益。教職世襲、買官賣爵等現象漸漸浮現，失去信仰原初的清貧與謙卑精神。此外，主教之間的地位之爭，如羅馬與君士坦丁堡牧首間的衝突，也開始醞釀日後東西教會分裂的伏筆。

雖然存在諸多缺失，教會制度化的歷史意義不可忽視。它使得基督教得以從宗教邊緣走入社會核心，在面對戰亂與帝國政治更迭時，教會制度成為穩定民心與維繫秩序的重要力量。主教在許多地區幾乎扮演準行政官的角色，填補地方治理真空。

總結而言，教會階層化與制度建構是基督教轉型為帝國

宗教的必要步驟。這一過程賦予教會組織高度治理能力，使其能因應迅速擴張的信徒群體與複雜社會需求。儘管帶來權力爭奪與內部腐敗的隱憂，但它奠定教會作為中古歐洲最大制度性力量的根基，並深刻影響後續西方文明的行政、文化與倫理構造。

第五節　從多神信仰到神權政治的轉向

在羅馬帝國的歷史長河中，多神信仰始終扮演維繫社會秩序與文化認同的關鍵角色。諸如朱比特、瑪爾斯、維納斯等神祇各司其職，構成一套與城市、職業、家庭密切相關的神祇系統。皇帝自奧古斯都以降，更被視為神祇化身，參與神祀，象徵國家與宗教的合一。然而，隨著基督教崛起與合法化，這一傳統多神信仰體系迅速瓦解，取而代之的是一種以獨一神為核心、以教會為中介的神權政治新模式。

早期的基督徒拒絕祭拜羅馬諸神與皇帝，導致他們在政治上被視為不忠臣民。這種拒絕，不僅是宗教立場的表達，更是一種對傳統政治秩序的挑戰。基督教主張「凱撒的歸凱撒，上帝的歸上帝」，將世俗與神聖權力明確區分，最初看似與政治保持距離，但隨著信仰深入帝國核心，其實已悄然重構權力來源的觀念。

第五章　信仰與國度：從邊緣教派到帝國正統

從戴克里先的迫害到君士坦丁的皈依，神權政治的雛形逐漸浮現。君士坦丁自稱「上帝揀選的僕人」，其統治權不再僅憑軍功與血統，而是被視為神意的延伸。這種觀點為君權神授奠定理論基礎，皇帝的地位在信仰上獲得認證，也使其有資格介入教義爭端與教會組織。

神權政治的確立不僅改變帝國權力正當性的來源，也重塑了人民對統治者的期待與服從基礎。在傳統多神信仰中，宗教儀式與政治權威是平行存在、相互支撐；而基督教則創造出一種垂直秩序，上帝居於至高，皇帝為其代理，教會則為神意與皇權之間的橋梁。這種三層結構逐漸取代原有祭司與皇帝分權的體制，將整個國家納入神意統治的圖像之中。

此一轉向也反映於法律與倫理層面。基督教義逐漸成為立法參考，諸如禁止異教儀式、規範婚姻家庭、設定工作與安息日等政策開始實施。皇帝不僅是統治者，更是信仰的守護者與道德表率。法律不再僅為社會秩序服務，而成為實踐信仰倫理的工具。

然而，神權政治的建立亦非一蹴可幾。四世紀中葉至五世紀間，異教信仰仍頑強存在於鄉村地區與貴族階層。雖有若干皇帝如尤利安（Julian）試圖恢復多神信仰，但最終未能扭轉潮流。狄奧多西一世於西元 391 年頒布法令，全面禁止異教儀式與祭祀活動，標誌多神信仰在帝國法律層面正式終結。

這場從多神到獨神的宗教與政治轉向，不僅是信仰體系的替換，更是整個帝國認同架構的重組。人民的忠誠對象從城市與傳統神祇，轉向帝國與教會所共同代表的「神聖秩序」。儀式由地方祭典轉為全帝國統一的禮儀，節慶由農耕循環轉向紀念殉道者與基督教歷史。

總結而言，羅馬帝國的神權政治轉向，並非單一信仰替換所致，而是一場涵蓋思想、制度與文化多重層面的歷史變革。它標誌從多神與皇帝崇拜所構築的權力網絡，轉為以唯一真神與神授皇權為核心的統治邏輯。這一轉變不僅重塑帝國本體，也深刻改變歐洲後續千年政治與宗教結構的根基。

第六節　異端審判與思想控制的開端

隨著基督教自邊緣信仰蛻變為國教，帝國與教會開始積極塑造正統教義，並對異端展開有系統的審判與排除。這不僅是維護信仰純潔的行動，更是帝國統治者鞏固統一、控制思想與秩序的手段之一。異端審判的制度化，象徵著宗教權威與國家暴力的結合，也開啟了長達數世紀的思想監控與信仰鬥爭。

在早期基督教內部，教義分歧本屬常態，不同教會與地區常有不同詮釋。然而，隨著皇帝介入教會事務，政權對正

第五章　信仰與國度：從邊緣教派到帝國正統

統的需求使多元化逐漸被視為威脅。亞流派、聶斯托留派、摩尼教等主張，一一被標記為「異端」，其支持者被迫改信或遭放逐。這些審判最初由教會主導，但很快便與皇權結合，形成政教合一的處罰體系。

異端的定義並非單純神學爭議，而是牽涉政權安全與社會秩序。持異端者不僅被視為信仰錯謬，更是挑戰國家統一的「叛國者」。因此，懲罰措施不再止於宗教懺悔，而包括財產沒收、流放、監禁，甚至死刑。皇帝頒布法令禁止異端聚會、焚燒其文獻，並授權地方官員逮捕疑似異端者。

這種制度化的異端審查，催生出一套嚴密的思想控制機制。主教與神學家開始編寫教義手冊，標準化信仰內容，並指導信徒如何辨識異端。教會訓導部門成形，學者與牧者之間建立一套自上而下的知識審查制度，逐漸取代地方教會自主詮釋的空間。

帝國亦開始建立信仰監察網絡。地方主教需定期向皇帝回報教區信仰狀況，異端文獻被列入禁止書單，部分地區甚至設立審訊官進行信仰調查。這些機制不僅控制宗教，也滲透至教育、社會與法律體系，使得思想統一成為國家治理的一環。

儘管如此，異端並未因此消失，反而轉入地下活動或向帝國邊境擴散。部分教派如多納圖斯派（Donatists）與祆教（Zoroastrianism）信徒，甚至結合社會不滿與地方反抗，成為

邊疆騷亂的重要力量。這些現象使得政府對思想控制更加強硬,惡性循環逐步加劇。

教會內部亦因異端問題產生分裂與派系化。部分主教在異端定義上與皇權立場不一致,導致教會會議政治化,信仰決策愈趨工具性。異端審判漸成為清除政敵與控制言論的手段,信仰純正與政治忠誠界線日益模糊。

長遠來看,這一時期的異端審判制度雖保障帝國短期內的信仰一致與政局穩定,卻也埋下思想僵化與學術停滯的危機。神學與哲學日漸失去自由辯證空間,信徒被要求無條件服從「正統」,而非在思辨中深化信仰。

總結而言,異端審判與思想控制的開端,是帝國自上而下形塑信仰秩序的展現。它使基督教從內在靈性實踐轉向外在制度管控,象徵著信仰與權力結盟後的深層轉變。這一歷史階段不僅塑造教會的制度性強勢,也預示未來宗教與思想自由長期的掙扎與對抗。

第七節　教堂空間與宗教生活的擴張

自基督教取得合法地位並成為國教後,宗教信仰不再只存於隱蔽的地下墓穴與私人聚會中,而開始大規模進入公共

第五章　信仰與國度：從邊緣教派到帝國正統

空間。教堂作為宗教生活的核心場所，其建築形式、空間功能與象徵意義皆隨之發生轉變，進而深刻影響帝國城市結構與人民的日常生活。

在帝國支持下，教堂建築遍地興起。早期的教堂多仿照羅馬的世俗建築——巴西利卡（basilica）形式，為長方形大廳，具備中央通道與側廊，便於容納大量信徒並舉行集體禮儀。這種建築形式象徵著從私密信仰向公共禮拜的轉型，也強化了教會作為社群中心的地位。

教堂的興建不僅限於首都君士坦丁堡或羅馬這類宗教重鎮，在各大城鎮乃至鄉村地區亦逐漸出現，形成帝國宗教地景的新網絡。教堂成為城市空間中的地標與聚點，往往鄰近市政廳、廣場或主要市集，顯示其與政經生活的密切結合。

教堂內部空間布局亦有神學與儀式上的意涵。祭壇區位於東方，象徵基督的再臨；中殿則為信徒聚會空間；講道臺、洗禮池與主教座位分布其間，強化主教的教導與儀式主導地位。牆面上常以馬賽克與壁畫表現聖經故事與聖人形象，使教堂兼具教育與啟發功能，成為「可看的聖經」。

宗教生活的擴張不僅展現在建築空間，也深植於人民日常節奏中。隨著教會節期制度的建立，一年中的主要節日如復活節、聖誕節、聖人紀念日等被正式納入社會時間表，節期舉辦彌撒、遊行、齋戒與施捨活動，將個人信仰與公共生活緊密連結。

第七節　教堂空間與宗教生活的擴張

　　教堂亦逐漸承擔社會服務功能。貧民救濟、醫療照護、教育與庇護成為教堂常見活動，使其不僅是靈性生活中心，更是社會福利的節點。特別在政府功能薄弱地區，教堂實際上填補了基層行政與照護的真空，使人民更深地依附於教會。

　　教堂空間的擴張，也形塑人民的宗教感知。從參與禮拜、領聖餐、告解，到婚喪禮儀與洗禮，基督徒的生命歷程日益與教堂儀式緊扣，信仰實踐由偶發性轉向規律性與制度化。這種生活化的宗教實踐，使教會滲透進家庭、社群與職場，成為一種無所不在的文化框架。

　　然而，教堂空間的神聖性亦可能形成排他性。非信徒與異端教派被排除於這些公共聖域之外，象徵宗教純潔性的空間界線，成為區分「內部信徒」與「外部他者」的社會劃分機制。這也促成帝國宗教社會的同質化與排異傾向，進一步強化教會的規範力量。

　　總結而言，教堂空間與宗教生活的擴張，是基督教由信仰走向制度、由私密轉向公共的具體展現。教堂不僅作為信仰實踐場所，更成為一種政治、社會與文化的整合平臺。透過建築、節期與儀式，教會將信仰根植於帝國空間與人民生活之中，為中古歐洲的宗教文化型態奠定堅實基礎。

第五章　信仰與國度：從邊緣教派到帝國正統

第八節　政教互用的拉鋸與衝突

自基督教納入帝國統治核心後，政權與教會間的互動關係日益緊密，呈現出既合作又競逐的複雜局面。皇帝需要教會為其統治賦予神聖合法性，教會則仰賴政權提供保護與資源。然而，隨著教會實力增長與信仰自主意識抬頭，政教關係逐漸出現張力，圍繞教義主導權、主教任命與道德管轄權等議題展開長期拉鋸。

皇帝自君士坦丁以來即自視為信仰守護者，積極參與教義爭端與主教會議。這種參與在初期被視為維護教會合一的正當行為，然而隨著皇帝對教會人事與教義決策的干預日深，部分神職人員開始警覺皇權過度干預信仰事務，可能導致信仰純正性流失。

例如在亞流派爭議期間，雖然尼西亞會議確立同質說為正統，但後續數位皇帝出於政治考量支持亞流派，甚至解除亞流主教的流放處分，導致教義政策反覆變動，教會內部陷入混亂。此情形反映皇帝為鞏固政局，不惜調整教義立場，引發正統派主教強烈反彈。

此外，皇帝常以維護社會秩序之名，干涉主教任命。部分忠於朝廷者被提名主教，排除具有獨立立場的候選人。這不僅削弱教區自治，也使主教職權逐漸政治化，成為朝廷控

第八節　政教互用的拉鋸與衝突

制地方的重要工具。對此，部分主教與教父開始強調「神的教會不可被凱撒駕馭」的神學立場，奠定後世教會自主性論述基礎。

在道德與紀律領域，教會也反向介入國家政務，試圖依照信仰標準評斷皇帝與官員行為。主教在重大節期講道時，常公開批評貪腐與不義政策，甚至拒絕為道德失格的皇室成員舉行聖禮。這些行為顯示教會逐步建立起對世俗權威的道德審判能力。

最具代表性的政教衝突發生於安波羅修（Ambrose）與狄奧多西一世之間。當後者在鎮壓塞薩洛尼基暴動時大開殺戒，安波羅修公開譴責皇帝，並要求其公開懺悔，否則不得領聖餐。最終狄奧多西屈服，跪於教堂門口請求赦免，此舉象徵皇權須服從於神權與教會道德規範之下。

這種政教互用的局面，在表面合作下潛藏深層矛盾。當皇帝視教會為工具、而教會視皇帝為信仰守護者時，雙方關係可維持平衡；但一旦出現對神學詮釋、信仰實踐或行政干涉的歧見，衝突便迅速升高。這種拉鋸不僅限於個案，更逐步制度化，成為日後中世紀教宗與皇帝對立的前奏。

總結而言，政教互用既是基督教國教化後的現實妥協，也是帝國治理與信仰自主之間的長期博弈。它揭示皇權與神權難以完全合一的制度張力，也展現出教會作為信仰共同體

第五章　信仰與國度：從邊緣教派到帝國正統

在面對政治權力時的自我定位與抗衡策略。這場長期的政教角力，將深刻影響後續歐洲宗教與政治秩序的發展走向。

第九節　宗教對社會階層的滲透力

當基督教從帝國邊緣信仰轉變為主流宗教並與國家機構結合後，其影響力不僅止於禮儀與信仰生活，更深刻地滲透進羅馬社會的各階層與制度結構之中。教會不只是靈性指導中心，也成為貴族權力延伸的載體、平民階層上升的管道與邊緣群體的庇護者。這種多面向的滲透，使基督宗教成為帝國社會結構中最強韌的連結與分化力量之一。

在貴族階層中，許多家族為鞏固社會地位與政治影響力，積極將子弟送入教會任職。主教與高階神職職位逐漸成為新貴族與舊貴族爭奪的重要資源。部分貴族透過捐獻土地與資金換取主教庇護，甚至影響地方教會人事安排，形成「教會貴族化」的趨勢。教堂與修道院遂成為貴族經營人脈與財產管理的空間，其家族紛紛設立宗教機構作為長期影響力的延伸。

然而，對平民而言，教會亦提供重要的社會流動與教育機會。平民子弟若能接受教會教育，或進入修道團體，可望藉由知識與虔信晉升神職體系，甚至成為地方主教、教會學者與皇室顧問。這種向上流動的路徑雖不普遍，卻為部分階

第九節　宗教對社會階層的滲透力

層提供新希望,也使教會在民間建立強烈認同與忠誠。

教會同時在農村地區發揮教化與治理作用。農民在參與教堂禮拜與節慶過程中,逐漸內化基督信仰價值觀,接受教會對婚姻、勞動、道德的規範。神父成為鄉村社會的仲裁者與道德裁判,教堂則是唯一的公共教育與文化傳播中心。這種滲透方式使教會穩定了基層社會結構,並形成深層的文化統一性。

在奴隸與邊緣人群方面,基督教強調人人在神面前平等、靈魂皆具尊嚴的教義,為這些群體提供精神慰藉與倫理尊嚴。雖然社會現實仍充滿不平等,但奴隸可透過受洗成為教會成員,甚至在某些情況下獲得自由與社群地位。教會亦設立施濟所與庇護院,接納病患、孤兒與寡婦,創造出帝國社會中罕見的慈善網絡。

不過,教會滲透社會階層也帶來階級鞏固的風險。隨著神職人員與貴族結盟,教會資源逐漸向上集中,部分主教家庭世襲,修道院也淪為貴族經營私產的平臺。貧民與基層信徒的代表性逐漸下降,教義詮釋權限集中於少數高知識分子與上層神職,信仰實踐與社會現實日益脫節。

此外,教會為鞏固信仰一致性,也對不同文化背景與地方習俗施加改造壓力。原住文化與民間信仰遭排斥或吸納,原有社會網絡逐漸被教會網絡所取代。這種文化同化過程雖

第五章　信仰與國度：從邊緣教派到帝國正統

增進社會一致性，卻亦可能造成地方文化斷裂與身分失落。

總結而言，基督宗教在帝國社會中的階層滲透，是其制度化過程中的關鍵現象。透過教育、慈善、信仰與組織，教會重塑帝國社會結構，提供權力擴張的工具，也創造社會整合與文化規訓的機制。這種滲透既帶來提升與救濟的可能，也隱含控制與排除的風險，正是信仰與社會相互塑造的歷史縮影。

第十節　神權皇權交織的長期影響

基督教在羅馬帝國轉化為國教的過程中，與世俗政權產生密切結合，進而形成一套交織的神權與皇權體系。這一制度安排不僅塑造了東羅馬帝國後續政治與宗教秩序，也深遠影響歐洲中世紀以降的國家治理、文化邏輯與思想觀念。神權與皇權並存與競合的格局，成為歐洲文明特有的歷史張力核心。

查士丁尼時期為此種體制的典型象徵。他不僅制定《查士丁尼法典》納入教會法內容，也主持宗教會議，打壓異端，並以皇帝身分親自詮釋正統教義。他將自身定位為「神在人間的代表」，象徵皇權獲得神聖認證，而教會則以提供道德合法性與信仰指導來支撐皇權。這種制度被稱為「凱撒教宗制」（caesaropapism），在東羅馬帝國延續數世紀。

第十節　神權皇權交織的長期影響

　　然而，神權與皇權的結盟，從未真正達成權力平衡。當皇帝強勢時，教會服從於政令，信仰政策亦受國家意志左右；當教會勢力壯大，則反過來規範皇權的道德邊界，甚至挑戰皇帝合法性。例如安波羅修與狄奧多西之間的衝突，正揭示主教對皇帝行為具有道德審判權的潛在能量。

　　此種結構對後世造成多重影響。首先，它使宗教介入國家立法與道德建構，促成以神學為核心的政治合法性。國王、皇帝需獲得教會祝聖，才能被視為合法統治者。此一制度為中世紀神聖羅馬帝國的皇帝加冕與教宗任命之爭埋下伏筆。

　　其次，教會作為超地域、跨階級的組織，具備與政權並立的能力，成為制衡國王的另一中心。在西歐封建體系下，教宗與君王的權力博弈持續發酵，最終在十一世紀爆發「敘任權之爭」（Investiture Controversy），展現教權欲脫離皇權束縛的決心。

　　此外，神權皇權體系亦形塑文化與思想發展的軌跡。神學與哲學合一，教育由教會主導，道德規範由神職界制定。這使得中世社會深陷宗教話語控制之中，但也促成信仰與理性融合的知識模式，為日後文藝復興與宗教改革奠定基礎。

　　在東羅馬帝國，凱撒教宗制確保了中央集權與宗教一致性，對於防止分裂與異端擴張具有正面意義。然而，其壓制多元與批判性的特質，也限制思想自由與地方文化的發展，

■第五章　信仰與國度：從邊緣教派到帝國正統

使帝國在面對外敵與內部變革時顯得僵化。

從長期來看，神權皇權交織是一把雙面刃。一方面，它建立起政教合作的統治秩序，確保國家與信仰的協調；另一方面，當兩者界線不明時，便產生統治正當性危機與制度對立。歐洲歷史中的多次內戰與教會分裂，往往源於此種雙重權力結構的衝突失衡。

總結而言，神權與皇權交織的制度安排，是基督教國教化後的歷史產物，也是一套深刻影響歐洲政治、文化與思想的治理模式。它既造就政教共治的秩序穩定，也埋下權力爭奪與思想控制的風險。理解這一歷史模式，有助於我們認識宗教如何不只是信仰體系，更是塑造政治權力與社會秩序的關鍵力量。

第六章
尤利安的逆流：
最後一位異教宗帝的挑戰

第六章　尤利安的逆流：最後一位異教宗帝的挑戰

第一節　青年哲人皇帝的信仰轉變

尤利安 (Julian the Apostate) 是羅馬帝國歷史上一位極具爭議的人物。他不僅因為在基督教已穩固為國教後試圖復興傳統希臘羅馬多神信仰而聞名，也因其哲學素養與學術修養獨樹一幟，成為後人稱之為「哲人皇帝」的代表。他的信仰歷程與政治抱負交織，構成一場羅馬晚期信仰與文化掙扎的縮影。

尤利安出生於西元 331 年左右，屬於君士坦丁大帝的家族。然而，其童年生活卻不見得充滿榮耀。在君士坦丁逝世後，其繼任者康士坦斯二世為鞏固政權，對可能構成威脅的宗室進行血腥清洗，尤利安的父親與多位親人因此遇害。年幼的尤利安雖僥倖存活，卻自小生活於宮廷監控與孤立之中，這段經歷深刻影響他對基督教政權的不信任。

在這樣的背景下，尤利安被送往尼科米底亞、以弗所等地接受教育。他展現出卓越的學術天分，尤其對古典哲學與希臘文學情有獨鍾。年輕的尤利安師從著名的新柏拉圖主義學者，如里巴尼烏斯 (Libanius) 與普利斯庫斯 (Priscus)，深受赫米斯主義、希臘哲學與古代神祕宗教的吸引。

儘管表面上仍維持基督徒身分，尤利安在求學過程中逐漸與基督信仰疏離。他對教會高層的政治化與教義的教條化頗有微詞，反而對古代多神信仰的儀式性、象徵性與哲學性

第一節　青年哲人皇帝的信仰轉變

產生濃厚興趣。他視希臘羅馬傳統宗教為與宇宙秩序調和之道，認為其中蘊含人類智慧與自然和諧的真理。

西元 355 年，尤利安在君士坦提烏斯二世安排下被迫接受凱撒（Caesar）封號，並被派往高盧行省鎮守邊疆。他在此展現出卓越的軍事與行政才能，贏得部隊與百姓的愛戴。在軍旅歲月中，尤利安開始更加堅定其信仰轉變，並於祕密中實施古代神祕儀式，自許為阿波羅與密特拉信仰的虔誠追隨者。

當君士坦提烏斯二世於西元 361 年去世後，尤利安順勢掌握帝國大權，正式即位為奧古斯都。在權力確認後，他不再掩飾自身信仰，公開宣布放棄基督信仰，轉而提倡傳統多神信仰，並積極參與宗教儀式，重建神廟與復興異教學校。他的這項舉動震撼整個帝國，也為他贏得「背教者尤利安」的稱號。

尤利安的信仰轉變並非一時衝動，而是長期累積的知識、經驗與文化選擇。他認為基督教破壞了羅馬傳統美德與社會秩序，主張應以哲學引導宗教、以禮儀維繫神人關係。他致力於將古代神祇體系予以理性化詮釋，建構一套能與基督教相抗衡的思想體系。

總結而言，尤利安的信仰轉變不只是個人選擇，而是一場文化與政治的逆流行動。他試圖以古代智慧回應帝國的信仰單一化潮流，並以哲人的姿態重塑皇權形象。他的歷史定位既有復古者的浪漫，也有改革者的孤絕，而這段轉變正為他日後政策與命運鋪設了極富張力的開端。

第六章　尤利安的逆流：最後一位異教宗帝的挑戰

第二節　異教復興政策與社會矛盾

尤利安登基後最為人矚目的政策，莫過於其全面推動的異教復興工程。作為一位自覺的哲人皇帝，他試圖透過恢復古代神祇信仰，重建羅馬傳統宗教體系，並藉此挑戰已日益壟斷帝國宗教領域的基督教會。然而，這一宏圖大略在實踐過程中所引發的社會矛盾與制度性困境，也迅速顯現其改革的局限與代價。

首先，尤利安在政策層面恢復異教神廟的法定地位，命令各地修復因基督徒破壞而毀損的神祠，並下令恢復古代宗教節慶與祭祀儀式。他自身親自參與祭典，著祭司袍、誦古文讚歌，並設立中央神職體系，試圖模仿基督教會的主教制度，賦予傳統宗教組織化與行政效率。

此外，他亦推行教育改革，禁止基督教教師教授古典文學與哲學，認為「不信荷米斯之神者無資格教授荷米斯之語」。這項政策實為排除基督教文化影響力的策略，欲將文化與信仰重新納入古典傳統架構內。他同時資助異教文人與哲學家，期望建立以柏拉圖主義與新柏拉圖主義為核心的文化體制。

尤利安的宗教政策雖不直接迫害基督徒，但實際上對教會構成高度壓力。他恢復異教徒擔任公職的權利，並削弱教會擁有的財產與司法特權，暗中鼓勵地方勢力壓制基督教活動。基督徒因此陷入法律與社會地位的雙重削弱，不少教會

第二節　異教復興政策與社會矛盾

主教被流放、教堂財產被接管,引發信徒強烈不滿。

然而,尤利安的異教復興也面臨重大現實瓶頸。首先是信仰社群的失衡。雖然貴族與部分知識分子對古代宗教仍有文化認同,但基層百姓多已融入基督教社會網絡。教會長年深耕於慈善、教育與基層治理,異教組織難以快速取代其功能。

再者,古代多神信仰本質上多元而鬆散,缺乏統一教義與中央神學架構。尤利安試圖強行整合神祇體系並予以哲學詮釋,反而使傳統信仰失去原有生命力,轉為上層菁英的思想實驗,無法有效動員大眾情感。

最關鍵的是,尤利安以皇帝身分復興異教,在社會觀感上被視為違逆帝國信仰潮流的「逆流」。基督徒將其視為背教者,異教徒則對其哲學化的宗教建構感到疏離,導致其宗教政策失去穩固群眾基礎,形成上有政策、下無共鳴的斷裂狀態。

在地方層面,宗教衝突與社會動盪頻傳。部分基督徒社群拒絕服從皇命,激起異教徒報復行動,導致神廟重建工程屢遭破壞。帝國各地出現信仰對立與暴力事件,使宗教政策成為引發社會不安的根源。

總結而言,尤利安的異教復興政策雖富有文化理想與制度創新,但在實務操作中面臨信仰結構失衡、群眾動員困難與社會對抗加劇等多重問題。這場改革反映出信仰制度轉型需深厚社會條件支撐,亦揭示傳統與現代交織時代中,文化復興往往難以抵抗歷史潮流的推進。

第六章　尤利安的逆流：最後一位異教宗帝的挑戰

第三節　尤利安與基督教世界的對抗策略

　　尤利安皇帝的異教復興政策不僅是文化與制度的重建，更是一場與基督教會直接交鋒的意識形態對抗。他不僅試圖削弱基督教在帝國體制中的優勢地位，更在精神層面推動一場價值觀重整，力求使多神信仰重新獲得知識、道德與政治上的正當性。

　　首先，尤利安採取制度性手段削弱基督教的權力結構。他命令將原屬教會之財產重新分配給異教團體，剝奪基督教會的司法特權與行政影響力。地方主教的權限受到限制，教會學校的經費被大幅削減，使其無法再有效培養下一代信徒領袖。

　　尤利安也試圖在文化戰線上發動反制。他規定基督徒不得教授古典文學與哲學，認為若不尊敬古代神明便無資格詮釋古代文學。這一政策不僅剝奪基督教學者參與文化論述的資格，也欲從教育體系中根除基督信仰對青年階層的影響力。

　　在思想層面，尤利安撰寫多部反基督教的著作，其中最著名者為《反加利利人》(*Against the Galileans*)。他在書中批判基督教的教義不合理性，斥責其對傳統價值的破壞，並試圖以新柏拉圖主義為基礎，構建一套哲學化的多神信仰體系。他主張宗教應回歸哲思與自然調和，而非倚賴啟示與教條。

第三節　尤利安與基督教世界的對抗策略

　　尤利安亦試圖從信仰實踐層面與基督教競爭。他鼓勵異教徒仿效基督教會之慈善事業與社群網絡，設立食物分配中心、醫療照護機構與教育設施。他認為唯有在公共倫理與社會實踐上勝過基督教，才能重建多神信仰的社會基礎。

　　此外，尤利安恢復多元信仰寬容政策，表面上保障所有宗教信仰的自由，實則試圖製造基督教內部教派矛盾。他赦免並召回部分先前被放逐的異端主教，如亞流派支持者，試圖以宗教多元對抗正統教會的集中權力，分化其組織結構。

　　這些對抗策略在短期內確實對基督教造成不小壓力，特別是在行政與教育領域的退場。但整體而言，教會因長期累積的社會網絡與群眾支持，並未因此瓦解。基層教會繼續維持禮拜、施濟與教育活動，許多信徒亦以更為堅定的信仰回應政治壓力，反而激發宗教凝聚力。

　　總結而言，尤利安的對抗策略是一場多層次的信仰戰爭，涵蓋制度、文化、思想與社會實踐。他以哲人之姿對抗教會體制，試圖重建信仰的理性根基與社會功能。然而，這場挑戰雖充滿理想與創新，卻也面臨深層社會動能與信仰情感的制約，使其終究難以根本動搖基督教已然鞏固的歷史地位。

第六章　尤利安的逆流：最後一位異教宗帝的挑戰

第四節　教育與哲學在帝國中的作用

尤利安的政治與宗教構想根基，深深紮根於古典教育與哲學傳統之中。他不僅是一位政治實踐者，更是一位受過完整修辭學與哲學訓練的知識分子。對尤利安而言，教育不僅是知識的傳授，更是價值形塑與信仰重建的核心工具。哲學則不只是理論思辨，而是通往倫理修為與政治理性的道路。在其短暫而激進的統治期間，尤利安嘗試透過教育改革與哲學復興來重塑帝國文化，為異教信仰爭取合理性與尊嚴。

尤利安極為重視傳統希臘文學與哲學在公共教育中的角色。他認為古代作家的作品蘊藏神祇智慧，是文明與宗教不可分離的展現。因此，他頒布法令，禁止基督徒擔任語文教師，主張「若教師不信奉荷米斯與宙斯，便不適合傳授荷馬與色諾芬」。這項政策意圖從根本上切斷基督教對青少年心靈與價值觀的影響。

尤利安本身精通柏拉圖與亞里斯多德的學說，尤其偏好新柏拉圖主義的宇宙秩序觀與靈魂淨化理念。他相信哲學不僅可導引人心歸向神明，也可提供政治統治的道德基礎。他大力推崇哲人作為社會楷模與行政顧問，並任命數位哲學家為官，以展現「由智者治理」的理念。

在政策上，他重整異教教育機構，資助哲學學院與神祕宗教學派，鼓勵青年返回傳統修辭學與神祕哲思的懷抱。他

第四節　教育與哲學在帝國中的作用

本人亦經常參與哲學討論，與文士往返通信，甚至著手撰寫神學與倫理著作，嘗試融合哲學論述與宗教實踐。

　　哲學在尤利安心中，並非與宗教對立，而是一種能夠淨化靈魂、引人接近神明的道路。他反對基督教將信仰建立在啟示與神蹟之上，認為這削弱了人類理性與自由。他主張人應以沉思與節制通往真理，透過自我修煉與道德實踐來與神性結合。

　　尤利安推動哲學復興的同時，也意圖改造帝國的政治文化。他倡導公職人員應具備哲學涵養與倫理自覺，行政應以正義與智慧為指導原則。這種「哲學化統治」的構想，在古代政治文化中雖屬少數實踐，卻展現出他對政德與知識權威合一的理想追求。

　　然而，這場教育與哲學的改革計畫也面臨結構性的挑戰。基督教會長年深耕基層教育與文字教學，控制著城市與鄉村的學習網絡。基督徒教師的驅離雖一度有效，卻也招致知識界反彈與文化真空。異教哲學在部分地區確實復甦，但缺乏組織力與社會支持，難以與教會教育抗衡。

　　此外，哲學本身雖深具倫理深度與智慧傳統，卻難以普及至廣大民眾。其抽象性與精英性，反使尤利安的改革淪為上層文化精英的思辨遊戲，未能廣泛改變信仰氛圍。哲學的理性之光，未能完全穿透信仰的群體熱情。

■第六章　尤利安的逆流：最後一位異教宗帝的挑戰

　　總結而言，尤利安透過教育與哲學重建帝國文化，是其信仰與政治理念交織的核心工程。他嘗試以理性復興異教傳統，以文化對抗教會壟斷，並塑造一種德性與智慧結合的治理理想。雖其努力未能完全奏效，卻為後世留下哲人皇帝的典範形象，也使我們得以反思教育、信仰與政治權力之間的深層關聯。

第五節　美索不達米亞東征的野心

　　尤利安在內政與文化政策上推行一系列大膽改革之餘，其外交與軍事策略同樣展現出強烈的進取精神。特別是在面對東方強敵波斯薩珊王朝時，他決意展開一場大規模的東征行動，目標不僅是遏止波斯對帝國東境的威脅，更意圖透過軍事勝利重塑羅馬帝國的聲望與統治正當性。這場東征成為尤利安短政時期最具野心的戰略行動，也最終奠定了其歷史命運的轉折點。

　　自君士坦丁時代以來，羅馬與波斯的邊界衝突持續不斷。波斯國王沙普爾二世（Shapur II）屢次侵擾美索不達米亞地區，占領數個重鎮，使羅馬東方防線節節敗退。前任皇帝在處理此問題上多以守勢為主，避免捲入長期戰爭。尤利安則採取截然不同的態度，他認為唯有主動出擊，才能恢復帝

第五節　美索不達米亞東征的野心

國尊嚴,並轉移國內對宗教政策的壓力。

尤利安自視為繼承亞歷山大大帝精神的軍事君主,東征不僅是地緣戰略,更是一場文明對抗。他將波斯視為專制與異端的代表,而羅馬則代表理性、神聖與自由。透過征服東方,他期望達成文化與信仰的雙重勝利,使異教價值觀在戰場上獲得象徵性驗證。

為此,尤利安進行周密準備。他於西元 362 年集結龐大軍隊,並積極鞏固安條克等東方基地,進行後勤與軍備整備。他不僅親自訓練部隊,撰寫軍令,還深入研究地理與敵軍情勢,顯示其兼具學者與將領的雙重身分。

尤利安的戰略亦非僅限於正面進攻。他計畫兩路夾擊波斯,自己率領主力由底格里斯河谷深入波斯本土,另一支部隊則由亞美尼亞支援進入波斯東北部,進行包圍。然而,此一複雜戰略需要高程度的協調與補給支持,亦對地理熟悉度與部隊士氣構成挑戰。

尤利安深知此役非同小可,亦試圖以宗教與文化號召鼓舞士兵。他在軍中推廣異教儀式,舉行祭典,強調此戰不僅是國土爭奪,更是神明旨意的實踐。他自比為神所揀選的征服者,試圖讓軍事行動披上神聖的外衣,凝聚軍心與正當性。

然而,儘管戰前準備周詳,尤利安的東征仍隱藏諸多風險。波斯地形險峻、氣候酷熱,補給線漫長且容易中斷。而

■第六章　尤利安的逆流：最後一位異教宗帝的挑戰

亞美尼亞方面的支援遲遲未至，導致主力部隊孤軍深入，日後陷入補給困境與敵軍重圍。儘管初期數戰獲勝，羅馬軍隊攻占數座波斯城鎮，但始終無法徹底突破波斯防線，更未能奪取王都泰西封（Ctesiphon）。

總結而言，尤利安對東方的征服計畫不僅是軍事策略，更是一場文化與信仰的自我實現。他意圖透過東征實證異教宗帝的榮光，將自身打造為軍事與宗教合一的神聖君主。然而，這場東征雖展現其統御魄力與精神理想，亦埋下後續撤退與危機的伏筆，成為其短政時期最具象徵性又最具風險的歷史冒險。

第六節　軍事策略與敵軍抵抗的博弈

尤利安對波斯的東征，在戰略構思與初期推進中展現了驚人的膽識與周密籌劃。然而，這場戰役也迅速顯現軍事策略與波斯軍隊抵抗間的高度張力，成為尤利安政治理想與軍事現實碰撞的殘酷舞臺。自西元363年春天主力部隊穿越幼發拉底河進入波斯境內以來，羅馬軍與波斯軍的博弈便如影隨形地展開。

尤利安行軍快速，企圖以迅雷不及掩耳之勢進逼波斯王都泰西封。他採取傳統的直線推進策略，沿底格里斯河行

軍，途中攻克多座波斯防禦城鎮，如皮里薩博拉（Pirisabora），以彰顯羅馬軍事優勢與士氣。然而，波斯軍隊並未與其正面交戰，而是採取機動性極高的游擊戰術，不斷騷擾羅馬後勤，摧毀農田、汙染水源，刻意將戰線拉長以耗損對手。

面對這種間接抵抗模式，尤利安原先依賴的補給計畫迅速受挫。儘管他命令部隊攜帶大量乾糧並沿路建立倉儲，但波斯軍針對性破壞其補給線，迫使羅馬軍隊須依賴當地資源補充，導致軍紀鬆弛與地方民眾不滿。同時，由於地形不熟與情報受限，羅馬部隊屢遭波斯伏擊，損兵折將。

尤利安嘗試透過強化機動性來因應敵情。他解散部分重型裝備部隊，轉以輕裝行軍，並在戰鬥中親自指揮，展現非凡勇氣與領袖魅力。這樣的領導風格雖鼓舞士氣，卻也使其身陷前線，暴露於高風險環境。

波斯軍隊在沙普爾二世的領導下展現出極高組織性與戰略遠見。他們不急於決戰，而是不斷誘敵深入、消耗敵力。當羅馬軍逼近泰西封時，波斯守軍利用堅固城牆與河流防線有效抵擋，使羅馬軍雖近在咫尺，卻無法展開攻城戰。尤利安幾次嘗試強攻皆以失敗告終，戰略進退陷入兩難。

此時，羅馬軍原計畫由亞美尼亞方面接應的部隊遲遲未至，使尤利安所率軍隊成為孤軍深入，補給困難日益嚴重。

第六章　尤利安的逆流：最後一位異教宗帝的挑戰

在評估泰西封無法攻克、補給無以為繼的情況下，他被迫做出撤退決策，期望避開主力會戰、保存實力返回安全地帶。

撤退途中，波斯軍隊展開全面追擊，不斷設伏截斷羅馬退路。羅馬軍隊雖試圖組織反擊，但人數疲弱、士氣動搖，加上地形不利，屢戰屢敗。尤利安雖親自督戰，但因戰略主動權已完全落入波斯手中，戰場形勢每況愈下。

尤利安的軍事策略原本立意高遠，試圖重現羅馬軍事榮光，並以之支撐其文化與宗教復興的理念。然而，過度依賴快速奇襲與外圍協同，使整體行動過於冒進；對敵情與補給評估的過度樂觀，也導致戰略目標難以實現，陷軍隊於艱困境地。

總結而言，這場軍事賽局揭示出一位哲人皇帝雖擁軍事才華與意志力，卻難敵一場複雜戰略下的現實條件制約。波斯的抵抗戰術、地理環境的不利、後勤協調的困難與盟軍失聯，最終使這場原意為榮耀的東征，逐步走向兵敗與悲劇命運的邊緣。

第七節　渡河、撤退與傷亡的困局

當尤利安於泰西封城下深知無法攻破波斯防線，又無法獲得亞美尼亞支援軍的配合後，他不得不面對一個殘酷事實：

第七節　渡河、撤退與傷亡的困局

撤退成為唯一選項。這位哲人皇帝原本雄心勃勃，意圖以征服東方為證明異教復興與軍事英明的象徵，但此刻，他卻必須帶領疲憊不堪、補給斷絕的軍隊在波斯腹地尋找生機。

撤退的第一步便是如何安全渡河。底格里斯河成為一道天然障礙，羅馬軍隊欲返回西方，需設法重渡河流。然而此時，波斯軍隊緊追不捨，沿岸布防嚴密，使得羅馬軍隊難以尋找安全登陸點。尤利安嘗試分兵偵察可行之地，但多次遭遇波斯輕騎兵襲擊，損失慘重。

面對補給枯竭的危機，羅馬士兵被迫仰賴焚毀當地村落與徵用居民糧食，軍紀進一步敗壞，也激起當地居民敵意。士兵體力與士氣雙雙滑落，行軍速度日漸遲緩，加劇了與波斯軍主動追擊部隊之間的戰力落差。尤利安數次在行軍過程中召開軍事會議，試圖以演說凝聚軍心，然效果有限。

尤利安最終決定由底格里斯河北返，取道較不熟悉但可能減少接觸的支線，然而，地形艱險、水源稀缺，部隊在荒野與高溫中行進，死亡率大幅上升。更不幸的是，在一次防禦波斯夜襲的混戰中，尤利安親自上陣指揮，卻在混亂中遭敵方長矛刺傷腹部。

根據當時史料記載，尤利安受傷後並未立刻身亡，而是由親兵護送至臨時帳篷內接受簡易治療。他拒絕召見醫師，也未指名繼任者，只以沉默面對命運。他在幾日後傷重不

第六章　尤利安的逆流：最後一位異教宗帝的挑戰

治，結束了僅短短不到兩年的皇帝生涯。

尤利安之死令軍隊頓失主帥，指揮權真空導致內部混亂。將領們緊急推舉約維安（Jovianus）為新皇，以穩定軍心與談判出路。最終，新皇與波斯簽訂和約，放棄多座要塞與疆土，換取軍隊得以安全撤出帝國疆界，這也象徵尤利安東征的全面失敗。

這場撤退與傷亡的困局，不僅是戰略失誤的直接後果，更突顯理想與現實間的落差。尤利安雖具備非凡領導魅力與戰場勇氣，但其過度冒進與對後勤困境的輕忽，導致軍事行動由勝轉衰。在失去補給與盟軍支援下，撤退之路變成一場存亡賭注。

尤利安之死象徵古典世界最後一位試圖以哲人之姿、異教信仰整合軍事與政治的皇帝，其理想主義在現實戰場中無法兌現，也揭示宗教與戰爭在晚期羅馬帝國交織的複雜面貌。

總結而言，這段撤退與死亡的歷程，不只是軍事策略的失敗紀錄，更是一場信仰與命運的劇烈對決。尤利安以生命賭注挑戰歷史洪流，其敗退不僅葬送戰爭，也象徵異教復興運動的終局與哲人皇帝理想的幻滅。

第八節　皇帝殞落與命運的終局

尤利安的死，象徵一個時代的結束，也為其短暫而戲劇性的政治實驗畫下無可挽回的句點。西元 363 年夏，在波斯戰線撤退途中，這位年輕的哲人皇帝於混戰中腹部中矛，幾日後傷重不治。他的殞落不僅是軍事行動的潰敗，更成為帝國信仰與政權結構走向不可逆轉轉變的關鍵節點。

尤利安之死在當代與後世皆引發諸多詮釋。基督徒史家視之為「神之審判」，認為其背離基督信仰、試圖復興多神體系的行為最終自食惡果。異教支持者則哀悼其改革未竟，視其為最後一位勇於對抗基督教霸權、堅持古代智慧的英雄。哲學家與文人則多讚揚其為信念而戰的高尚人格，認為他在理想與犧牲中，展現了柏拉圖式君主的典型。

尤利安死後，羅馬軍隊陷入指揮真空，迫於形勢緊急，臨時推舉軍官約維安（Jovianus）為新皇。新皇旋即與波斯談和，簽訂條約放棄多座東部要塞與領土，以換取安全撤軍。這份屈辱性條約象徵尤利安東征的徹底失敗，也讓其軍事與宗教理想雙雙破產。

更重要的是，尤利安死後再無任何羅馬皇帝試圖復興異教信仰，基督教會得以鞏固其作為國教的地位，帝國自此邁入教會與國家更深度結合的階段。歷史於此形成一道明顯分

第六章　尤利安的逆流：最後一位異教宗帝的挑戰

水嶺：從多元信仰過渡至單一正統，由文化兼容轉向制度化神權，從哲人皇帝的幻想回歸現實政治的效能邏輯。

從個人層面觀察，尤利安一生是一場持續的自我實驗。他以哲學訓練自身，試圖將理性、道德與神聖結合於君主統治之中；他以教育與文化重塑公共空間，以軍事與信仰統整國家力量。然而，他所面對的世界已非昔日多神並存、哲學治國的城邦，而是一個正邁向教會制度化、宗教整合化的帝國。

尤利安殞落的象徵意義，不僅在於戰敗，更在於其理念遭遇現實的不可承載。他的改革過於倉促，敵人過於強大，信仰市場已然轉向，他雖以個人意志撼動歷史巨流，卻終究未能逆轉潮水。

總結而言，尤利安的終局既非純然的悲劇，也非單一的失敗，而是一種理念與結構碰撞後的歷史警示。他讓後人重新思考信仰、理性與統治的關係，也展現出一位統治者如何在堅持理想中成就其光榮與滅亡。他的殞落，是異教宗帝最後的告別，也是帝國信仰時代轉型的沉重回音。

第九節　短政的歷史評價與後人爭議

尤利安僅統治羅馬帝國不到兩年，這段極短的在位時間卻在後世歷史與思想領域中激起極大迴響。他既被某些史家

第九節　短政的歷史評價與後人爭議

讚譽為哲人皇帝、政治理想主義的典範,也遭部分教會史論者視為背叛信仰、逆時代潮流的悖論人物。其短政的歷史評價呈現高度分歧,恰反映出羅馬帝國晚期在信仰、文化與權力結構上的深刻張力。

基督教史家多將尤利安視為「背教者」(Apostata),認為他是帝國歷史中最明顯的異端領袖。從君士坦丁大帝之後,基督教逐步成為帝國核心信仰,尤利安的倒行逆施不僅危及教會安穩,也被詮釋為對神意的挑戰。因此在教會敘事中,他常被描繪為自負、詭辯與悖德的政治家,其東征失敗與死亡被視為神的懲戒。

相對而言,古典派學者與部分後世哲學家則對尤利安給予相當高的評價。他們認為尤利安是少數試圖將哲學理念實踐於政治的統治者,具備倫理自律、文化品味與國家責任感。他不貪戀享樂,不沉溺宮廷權謀,而致力於文化復興與行政效率的重建。在新柏拉圖主義思想下,他企圖以靈魂修煉與宇宙秩序理論,替多神信仰提供哲學正當性,這種試圖合一知識與政權的努力,被視為值得尊敬的理想嘗試。

此外,尤利安對教育與修辭的重視、對軍隊的親身領導,以及清廉的生活方式,在晚期帝國中實屬罕見。他主張恢復古典德性、打擊貪腐與懶惰,並透過文教手段整合民族與價值觀,這使得他在部分知識分子心中成為反對教會霸權

第六章　尤利安的逆流：最後一位異教宗帝的挑戰

與呼籲文化自主的象徵。

然而，也有學者指出，尤利安的理想主義過於理論化，政策實踐中缺乏彈性與現實考量。他在宗教問題上採取明顯偏頗立場，雖表面標榜寬容，實則對基督徒多所打壓，未能達成真正的多元共存。他對波斯的東征行動則顯示出過度自信與軍事評估失誤，使得整體統治成果大打折扣。

後世對尤利安的形象，亦因時代與立場而不斷變化。啟蒙時代的思想家如伏爾泰與愛德華·吉朋視其為反教會權威的開明象徵，而十九世紀保守派則批評其不切實際的復古情懷。近代學術界則傾向從社會結構、宗教轉型與文化記憶等角度，探討尤利安短政所代表的制度斷層與價值激盪。

總結而言，尤利安短政的歷史評價宛如一面稜鏡，反映出歷史觀點的多樣性與羅馬晚期社會的複雜性。他既非徹底的失敗者，也非純然的英雄，而是一位夾在信仰與理性、古典與基督、理想與現實之間，試圖以哲學姿態挽救帝國精神的過渡性人物。他的短政，恰是一段思想與政治交鋒的濃縮篇章，也為後世留下關於統治理念與文化選擇的深刻提問。

第十節　多元信仰與羅馬最後的文化掙扎

尤利安的統治儘管短暫，但他所掀起的文化與宗教震盪，清晰揭示羅馬帝國晚期信仰景觀的多元張力與整合困難。這一時期，帝國正處於從多神信仰社會向基督宗教單一正統秩序過渡的樞紐點，尤利安則是此轉折路口最具代表性的逆流之聲。

在基督教尚未完全鞏固其國教地位前，羅馬世界的宗教圖譜呈現出極為繁複的狀態。傳統奧林帕斯諸神信仰、新柏拉圖式神祕宗教、密特拉教與伊西斯崇拜等，在不同社群與地理區域仍然活躍。基督教雖已獲官方支持，但內部教派分裂與神學爭議不斷，尚未建立統一的信仰敘事。尤利安正是在這種多元交織的氛圍中成長，也在此局勢下試圖重建一種具有包容性與理性化的異教信仰結構。

他的主張並非單純復古，而是一場文化整合的嘗試。他汲取新柏拉圖主義的宇宙觀與倫理論，試圖將多神信仰內在邏輯理性化，並打造出足以與基督教抗衡的教義體系。這種「哲學化的多神教」在思想上富有創意，卻在群眾接受度與社會動員力上力有未逮。尤其在基層社會，基督教提供的慈善網絡、宗教歸屬與社會整合功能，早已超越異教信仰所能提供的儀式性與象徵性價值。

第六章　尤利安的逆流：最後一位異教宗帝的挑戰

　　尤利安在文化政策上鼓勵文學、哲學與祭祀的結合，重建教育與宗教的互動機制。他認為文化的重建是信仰統合的前提，因此力主將古典文學重新納入公共教育核心。然而，這場文化重塑工程仍受到教會主導社會資源分配與民心的深層挑戰。文學經典雖獲保留，其詮釋權卻逐漸轉由基督教教育機構掌握，使得文化主導權的爭奪成為一場看不見的拉鋸戰。

　　尤利安死後，基督教迅速重奪宗教主導地位，多神信仰逐漸退出公共領域。從狄奧多西一世正式宣布基督教為唯一合法宗教開始，異教信仰從公共政策中被徹底排除，神廟關閉、祭儀禁行、哲學學院受限，象徵羅馬信仰多元時代的終結。

　　然而，這並不意味異教精神完全消失。事實上，許多異教文化符號與哲學思想透過教父神學與修道院教育滲入基督教世界，成為中世紀信仰體系的一部分。尤利安所倡導的理性與信仰結合、文化與神性對話的理念，反而以轉化姿態延續於後世知識結構中。

　　總結而言，尤利安所面對的不僅是宗教制度的轉型，更是一場文化主權與信仰正當性之爭。他試圖為多元社會尋找一套整合模式，卻在歷史動能的推擠下遭遇挫敗。這場文化掙扎象徵著羅馬文明由包容邁向一統的關鍵轉折，而其複雜性也提醒後人：信仰從非僅屬宗教選擇，更牽動社會結構、文化意識與政治權力的深層變遷。

第七章
分治與張力：
東西帝國的分裂根源

第七章　分治與張力：東西帝國的分裂根源

第一節　約維安與羞辱條約的背景

西元 363 年，羅馬皇帝尤利安死於東征波斯途中，其理想主義與軍事戰略在現實面前潰敗，留下身陷敵境、無主可歸的軍隊。在此危急時刻，軍中將領緊急推舉資深軍官約維安（Jovian）為新任奧古斯都。約維安原無稱帝野心，但迫於形勢，只能肩負重任，迅速尋求與波斯談判退兵。

約維安即位的首要挑戰，是如何率領傷亡慘重、補給斷絕的部隊脫離波斯境內。羅馬軍處於補給線癱瘓、行軍疲弱且被敵軍包圍的困境中，稍有不慎即可能遭全軍覆滅。波斯國王沙普爾二世（Shapur II）洞悉羅馬窘境，遂提出苛刻談判條件，要求羅馬割讓美索不達米亞多座要塞與行省，並放棄對亞美尼亞的影響力。

在國內無法支援、軍中無糧無援的壓力下，約維安被迫接受這份條約。條文內容不僅喪失先前數十年軍事爭奪得來的戰略要地，也象徵帝國對波斯的地緣優勢正式崩潰。更甚者，這份和約在羅馬本土被視為奇恥大辱，史家稱之為「羞辱條約」（Treaty of Disgrace），是帝國自奧勒良與安息議和以來最大屈辱外交之一。

約維安的被動即位與外交妥協，揭示了羅馬帝國晚期軍政間權力重構的開端。與過往皇帝多由元老院支持或皇族世襲不同，約維安的登基純屬軍事壓力下的臨時安排，象徵軍

第一節　約維安與羞辱條約的背景

隊在政治決策中的主導性日益上升。而其與波斯簽訂和約的事實，也反映皇權無法再掌握絕對軍事主動性，帝國面對外敵時日益處於守勢。

條約簽訂後，約維安旋即率軍返回安條克，再沿巴爾幹路線進入帝國本土。他在任內短短數月內試圖平撫宗教緊張情勢，恢復基督教正統地位，並逐步撤除尤利安遺留之異教政策。但他尚未完成更完整的政策調整，便於 364 年突然病逝於伽拉忒亞地區，享年僅 33 歲。

約維安的短暫統治在歷史上常遭忽略，但其所簽訂的羞辱條約，卻對羅馬東方防線與帝國信心造成長遠衝擊。原先依賴的防禦體系遭到拆解，使得波斯日後入侵更無阻力。外交上的讓步也導致國內政治對皇權信任下滑，加速軍隊對帝位干預的常態化。

從更宏觀角度觀察，約維安時期的外交妥協與軍事被動，是帝國從主動擴張轉為防衛型政權的轉折點之一。這種轉變不僅反映實力衰退，更預示了帝國必須進行權力分散與結構調整。此後不久的雙帝制與東西分治，正是對這一地緣與政治危機的制度回應。

總結而言，約維安與羞辱條約的背景，並非單一外交失利事件，而是一場軍政權力變動、地緣戰略崩盤與帝國權威裂解的交會點。他所處的歷史時刻，開啟了羅馬由整體帝國走向分治局面的前奏，也是理解東西分裂根源的第一道裂痕。

■第七章　分治與張力：東西帝國的分裂根源

第二節　瓦倫提尼安與瓦倫斯的雙帝制

　　西元 364 年，羅馬皇帝約維安病逝於回師途中，帝位再次陷入空缺，軍方與行政體系面臨緊急抉擇。最終，元老院與軍隊共同推舉曾任軍事高階指揮官的瓦倫提尼安 (Valentinian I) 為新皇。瓦倫提尼安出身平民，歷經軍旅生涯鍛鍊，具備穩健務實的統御風格，面對帝國龐大疆域與多重威脅，他採取一項關鍵決策 —— 推行雙帝制，任命其弟瓦倫斯 (Valens) 為東部奧古斯都，自身則主掌西部。

　　這項雙帝制度並非創新。早在戴克里先 (Diocletian) 時代，羅馬帝國曾實施「四帝共治」，但在君士坦丁家族崛起後，集權再次回歸單一皇權。瓦倫提尼安此時選擇恢復分權統治，既是對過往制度的重拾，也反映出其對帝國現實危機的清晰認知：羅馬疆域過於遼闊，邊疆壓力過重，一人無法兼顧。

　　瓦倫提尼安統治西部，重點應對日耳曼部族侵擾、加強高盧與不列顛的防禦體系。他重建多處軍事要塞，整頓財政，推行軍紀改革，並展現對地方行政的嚴格掌控。在宗教政策上，他傾向寬容，未積極打壓異教，採取相對中立立場，維持社會穩定。

　　與之對比，其弟瓦倫斯則在東部面對波斯的虎視眈眈與宗教分裂的挑戰。瓦倫斯自即位初期便缺乏軍中聲望與政治資歷，其施政風格亦較為剛愎。為穩固自身政權，他依賴亞

第二節　瓦倫提尼安與瓦倫斯的雙帝制

流派基督徒支持，並打壓尼西亞信仰者，導致教會內部對立加劇。此舉使東部行省陷入宗教對抗與地方不穩狀態，為後續動亂埋下伏筆。

雙帝制度雖有助於緩解政務壓力，卻也帶來協調困難與統一政策失衡的問題。兩位皇帝缺乏長期戰略共識，尤其在宗教與外交立場上日益分歧。西部偏向寬容與穩定，東部則受宗教紛爭與戰爭壓力主導，導致帝國整體方向出現裂縫。

此外，瓦倫提尼安在位期間曾嘗試提升其子為共同皇帝，形成三頭分治局面，加劇皇位繼承的複雜性。這種「家族治國」傾向雖可鞏固一時權力，卻也使帝位逐漸成為軍功與宗親爭奪的焦點，破壞皇權制度的穩定性。

總結而言，瓦倫提尼安與瓦倫斯推行的雙帝制是對帝國治理現實的回應與調適。其初衷在於分擔政務、穩定邊防，但在實踐中卻也暴露制度整合力不足、帝國共識薄弱的問題。這一制度雖短期奏效，卻在長期演變中，反而強化東西帝國行政、宗教與文化的分化趨勢，為日後無法挽回的分裂局面埋下結構性基礎。

■第七章　分治與張力：東西帝國的分裂根源

第三節　亞流教派與正統教義之爭

在瓦倫斯治理東部的時期，羅馬帝國不僅面臨外在軍事壓力，也深陷內部信仰分裂的宗教危機之中。亞流教派（Arianism）與尼西亞派（Nicene Creed）的對立，成為晚期帝國最尖銳且持久的神學爭端，其政治化過程更加劇了東西帝國間的緊張與分裂。

亞流教派源於四世紀初的亞歷山大城，由神學家亞流（Arius）所倡，主張耶穌基督並非與天父同質、同永，而是被創造的次位存在。這一論點挑戰傳統三位一體的教義核心，引發激烈神學爭議。西元 325 年，君士坦丁召集尼西亞大公會議，正式譴責亞流教義為異端，並通過《尼西亞信經》，確認耶穌與天父「同質」（homoousios）觀點為正統。

然而，雖然會議達成教義決議，實際執行與地方接受度卻大有落差。特別是在東方教會內部，亞流教派仍廣受部分主教與皇室成員支持，形成實質宗教對抗狀態。瓦倫斯即為公開支持亞流教義的皇帝，其上臺後積極推動亞流教派復權，對尼西亞派主教展開壓制，驅逐多位正統教士，並以國家資源扶植異端團體。

這場教義對抗不僅是神學辯論，更是社會與政治權力的交織競爭。主教任命權、教會財產分配、信徒社群組織等皆

成為雙方爭奪重點。東部教會因皇權介入而內部分裂，信徒出現暴力衝突與宗教抗議，部分城市甚至爆發教會間械鬥。

與之相對，西部在瓦倫提尼安的主政下，對宗教採取較為寬容政策，未積極介入教義鬥爭，反而成為尼西亞派避風港。此一態勢使東西教會在教義、實踐與政治路線上逐漸分道揚鑣，為後世東正教與西方教會的裂解埋下神學種子。

亞流教派的興衰亦反映出國家與信仰關係的雙向塑形。當皇權介入宗教議題，教義不再純屬神學討論，而成為統治工具與社會分化的導因。瓦倫斯的政策激化了行省內部教會分裂，使宗教失去穩定社會的功能，轉而成為權力鬥爭的場域。

總結而言，亞流教派與正統教義之爭，是帝國晚期宗教制度化過程中的重大斷層。這場爭議超越信仰範疇，影響政治結盟、行省穩定與文化認同，並強化東西帝國在神學與行政上的隔閡。從此，信仰不再是共識的象徵，而成為帝國裂解的一把雙刃劍。

第四節　宗教分裂對行省穩定的衝擊

自尼西亞會議確立三位一體為正統教義後，羅馬帝國內部的信仰分歧非但未隨之平息，反而在國家行政干預與教派動員之下愈發激烈。宗教分裂的政治化，使得原本應為精神

第七章　分治與張力：東西帝國的分裂根源

慰藉與社會整合的教會，反轉為引爆地方不穩與群體衝突的導火索。特別是在東部行省，這股張力對帝國統治秩序造成實質破壞。

東部行省如小亞細亞、敘利亞、巴勒斯坦與埃及，是亞流教派與尼西亞派競逐最激烈的地區。這些地區擁有古老的宗教傳統與多元的族群結構，信仰與地方政治長期交織。主教職位往往不僅是宗教職務，更象徵社區領袖的實際行政權力。因此，兩派爭奪主教任命權，不僅關涉信仰正當性，也觸及稅收、治安與地方自治的控制權。

當皇帝瓦倫斯選擇支持亞流教派，許多原本忠於尼西亞教義的主教被罷黜，異派主教則在帝國武力護送下強行就任，引發地方信徒激烈反彈。各地爆發抗議、教堂衝突，甚至出現教徒集體對抗軍隊的暴力事件。尤以安提阿與亞歷山大城為甚，這兩地的主教選舉與教會管理陷入長期混亂，地方統治幾近癱瘓。

宗教衝突也波及行政效率。行省官員需兼顧皇室宗教立場與地方群眾情緒，造成治理兩難。若強硬執行皇命，則激起地方反叛；若姑息地方教派，則遭中央視為軟弱無能。此種矛盾令行省官僚體系逐漸失去效能，治理斷層進一步削弱中央控制力。

此外，宗教分裂對社會凝聚力造成嚴重傷害。原本共同信仰所形成的社區聯繫，在教派分裂後轉為對立仇視，鄰里

反目、家族決裂,教堂不再是和解場所,而成為政治抗議與暴力動員的平臺。這種社會撕裂效應,使地方穩定性崩潰,並削弱帝國軍事動員與稅收徵管能力。

西部雖相對穩定,但宗教分裂的效應亦逐步蔓延。當不同教派信徒流亡至西方,帶來東部的神學爭議與政治立場,使西部教會內部出現激進化傾向,挑戰原有的宗教寬容與行政協調傳統。

總結而言,宗教分裂對行省穩定造成系統性破壞,不僅削弱帝國治理的基礎,也破壞社會整合與文化傳承。當信仰成為政治介入與暴力動員的工具,帝國再也無法憑藉宗教作為凝聚力量。這場由教義爭端引發的行省不穩,預示著中央權威的逐步瓦解與帝國體系走向分裂的深層結構性危機。

第五節　哈德良堡慘敗與帝國震撼

西元 378 年,哈德良堡(Hadrianopolis)戰役爆發,成為羅馬帝國在晚期歷史中最具毀滅性的一場軍事災難。此次戰役的慘敗不僅震撼全帝國,更徹底暴露了帝國軍事體系與政治協調的崩潰,成為日後東西分裂無可避免的關鍵轉折。

戰役的導火線來自西哥德人(Visigoths)因受到匈人壓迫,於 376 年請求進入羅馬帝國境內避難。當時的東部皇帝

第七章　分治與張力：東西帝國的分裂根源

瓦倫斯允許其越過多瑙河定居於色雷斯地區，條件是交出武器並聽命帝國安排。然而，由於帝國官員貪汙腐敗、糧食配給不足，加上羅馬人對西哥德人進行欺壓，引發西哥德人強烈不滿，最終爆發武裝叛亂。

瓦倫斯面對西哥德叛亂，原本打算等待西部皇帝格拉提安（Gratian）的支援軍到來再發動總攻，但在戰略評估失誤與軍事焦躁驅使下，於378年夏直接出兵迎戰。雙方在哈德良堡附近展開大規模會戰。瓦倫斯輕視敵軍實力，加上對敵軍部署掌握不足，最終導致羅馬軍陷入重圍。

這場戰役中，羅馬軍隊幾乎全軍覆沒，瓦倫斯本人亦戰死沙場，其遺體未被尋獲，死因更引發諸多猜測與傳說。哈德良堡之敗不僅是一次戰術失誤，更象徵羅馬軍事體系的徹底崩盤。自戴克里先改革以來雖強化軍事邊防，但軍隊分割、士氣不振、將領爭權、資源分散等問題未曾根治。

這場敗戰對帝國士氣打擊深遠。羅馬皇帝在戰場上陣亡的情形極為罕見，此役更動搖了帝國軍事不可戰勝的神話，敵軍首次深入帝國內陸，造成難民潮與行省防禦瓦解。各地開始質疑中央政府的保護能力，加速地方自保傾向與軍事封建化發展。

政治層面上，此戰後東西帝國的軍事整合陷入癱瘓，雙方對哥德人問題的應對出現嚴重落差。西部主張談判與安

置,東部則因皇帝殞落陷入決策真空,使得帝國應對重大外敵危機時無法形成一致立場。

宗教與輿論也對此敗仗給予強烈回應。尼西亞派認為瓦倫斯支持亞流教派為災禍根源,是上帝對異端皇帝的懲罰。這種解釋方式鞏固了正統教會的社會影響力,也削弱皇權在宗教領域的正當性。

總結而言,哈德良堡之敗是一場不僅關乎軍事,更牽動帝國制度、文化與信仰信心的全方位危機。它讓東部統治陷入混亂,也讓帝國整體信心出現裂痕,是羅馬由高峰轉入衰退時期最具象徵性的歷史斷點。從此,帝國再也無法重建早期的統一與威嚴,分裂的陰影已成不可逆的歷史現實。

第六節　狄奧多西統一帝國的短暫成功

在哈德良堡慘敗與瓦倫斯戰死後,東部皇位出現空缺,帝國政治與軍事陷入混亂。為重建秩序,西部奧古斯都格拉提安(Gratian)於西元 379 年任命西班牙籍將領狄奧多西(Theodosius I)為東部奧古斯都,賦予其全權整頓軍政,穩定東境局勢。此舉開啟了狄奧多西時代,也成為羅馬帝國晚期最後一次短暫統一的關鍵契機。

第七章　分治與張力：東西帝國的分裂根源

狄奧多西即位後，首要任務為整編殘破不堪的東部軍隊，並穩定西哥德人問題。他採取靈活策略，與哥德人談判安置，允許其作為「盟軍」(foederati) 定居於帝國領土內，並在必要時提供軍事支援。雖然此舉為帝國節省了軍費與人力，但也開啟日後大量蠻族駐軍帝國的先例，埋下深層風險。

狄奧多西的統治特色之一，是強力鞏固中央集權。他致力於收回地方將領過度膨脹的權力，整頓貪腐官僚，推動法令整編，並強化帝國律法與皇權的結合。他同時強化皇室儀式與象徵權威，試圖在社會動盪中重塑帝國神聖性與穩定性。

更重要的是，狄奧多西在宗教政策上展現果斷決斷。他於 381 年召開第二次君士坦丁堡會議，重申尼西亞信條為正統，全面壓制亞流教派，並陸續頒布法令禁止異教儀式，關閉神廟、終止公祭活動，使基督教正式成為國教並取得唯一合法地位。這些措施使東部帝國在信仰上邁向單一正統，也進一步將皇權與教權結合，形塑出後世「基督教帝國」的治理範式。

西元 388 年，狄奧多西更進一步參與西部政治，平定馬格西穆斯 (Magnus Maximus) 篡位之亂，並於 394 年在冷河戰役 (Battle of the Frigidus) 中擊敗阿波加斯特 (Arbogast) 與尤吉尼厄斯 (Eugenius) 聯軍，實現對東西帝國的名義統一，成為君士坦丁以來首位重新掌握兩區權柄的皇帝。

然而，這場統一極為短暫。狄奧多西於 395 年突然病逝，其臨終前將帝國劃分給兩子：阿卡狄奧斯（Arcadius）掌東方、霍諾留（Honorius）主西方。此一安排使帝國再度回到分治狀態，且此後再無實質統一之舉。狄奧多西本人雖嘗試以血緣鞏固皇權傳承，但兩位繼任者皆缺乏治國能力，無力應對逐漸惡化的邊防危機與內部腐化。

狄奧多西的短暫成功，成為晚期帝國歷史中一道曇花一現的穩定風景。其政治、宗教與軍事整合為後人提供經驗樣本，證明即便身處制度崩潰邊緣，明確政策與強人領導仍可帶來暫時秩序。但其統治也揭示出個人能力無法長久對抗結構性衰敗的限制。

總結而言，狄奧多西的統一雖為帝國帶來短暫重生，卻未能根本解決分治體制、宗教衝突與蠻族壓力等深層危機。他的死宣告著最後一位統一皇帝的謝幕，也為日後東西帝國正式走向永恆分裂鋪下歷史軌道。

第七節　異教禁令與聖殿拆毀行動

狄奧多西一世在鞏固帝國秩序與重建皇權正當性之際，也將宗教政策推向一個新的極端。他不僅確認基督教為國教，更透過一連串法律措施徹底打擊異教信仰，開啟了一場

第七章　分治與張力：東西帝國的分裂根源

由官方主導的文化與宗教淨化工程。這場工程不僅重塑信仰版圖，也深刻改變帝國的城市景觀與文化傳承，象徵著羅馬從多神信仰邁向神權政治的決裂點。

自 381 年君士坦丁堡大公會議起，狄奧多西即著手加強對正統基督教的保護與異端的打擊。在隨後的十年間，他頒布多項詔令，逐步剝奪異教的社會地位與宗教空間。這些詔令包含：禁止異教祭儀、取締神廟資產、剝奪異教司祭的特權、禁行占卜與獻祭等傳統儀式。原本為城市中心的祭壇、祠堂與神廟被視為「迷信遺毒」，成為帝國行政系統中的清除目標。

其中最具象徵意義的事件之一，是亞歷山大城塞拉比斯神廟的拆毀。此神廟為古代世界重要宗教與文化中心之一，供奉埃及與希臘混合的神祇塞拉比斯，亦設有大量藏書與哲學講堂。當地主教堅持推動清除異教空間，號召信徒衝入神廟，焚毀神像、摧毀建築，成千上萬民眾參與其中，場面如宗教清洗般激烈。

這一系列行動雖受到部分市民與哲學團體反對，卻因獲得皇權支持而迅速蔓延。聖殿不僅象徵信仰場所，也是地方政治、教育與文化活動的核心，其被拆毀意味著一整套世界觀與社會組織的崩解。異教徒被迫轉入地下活動，部分知識分子選擇沉默、流亡或皈依基督教。

更深層的影響在於公共空間的重組。原屬異教活動的市集、學院與節慶被廢止，取而代之的是教堂、殉道者紀念碑與聖人崇拜。信仰從私人實踐轉化為國家治理的一環，教士取代神職官員，成為地方意見領袖與行政仲裁者。帝國自此不再是宗教多元的共同體，而成為基督信仰下的統一政教機構。

然而，此類極端措施亦伴隨文化損失。眾多古代建築與文獻在聖殿拆毀中被焚毀，哲學與醫學資料失傳，城市藝術風貌亦從神話美學轉為基督宗教象徵，藝術自由與知識開放受到前所未有的壓制。

總結而言，狄奧多西的異教禁令與聖殿拆毀行動不僅為其統治帶來信仰整合的短期效果，更對帝國的文化根基與社會結構造成不可逆的衝擊。這場政策轉變使羅馬正式邁入神權治理時代，也為東西教會與社會秩序日後的長期分化埋下歷史根源。

第八節　教士政治勢力的正式登場

隨著狄奧多西一世將基督教確立為羅馬帝國唯一合法信仰，教會與國家關係產生質變，宗教不再只是信仰領域的私人事務，而是深度滲透政治決策與社會治理的核心機構。教士階層因此由信仰傳道者轉化為政務參與者，其影響力快速

第七章　分治與張力：東西帝國的分裂根源

擴張，正式進入帝國權力結構之中，成為晚期羅馬政治不可忽視的主體力量。

這種政治力量的崛起並非偶然，而是與教會制度建構的成熟密切相關。自第四世紀以降，教會已建立主教、執事與會眾層級的清晰結構，並在城市中擁有固定的教堂、行政區與財產運作機制。教士透過教義講授、施行洗禮、主持喪葬與慈善分配，掌握信徒生活中的關鍵節點，也逐步取代原有地方仕紳的社會領導角色。

在狄奧多西的治理下，皇權與教會之間建立起一種功能交換的合作關係。皇帝倚賴主教群體作為政策宣導與社會穩定的代理人，而教士則獲得行政特權，如免稅、審判豁免與政治諮詢地位。主教日益成為帝國城市中的實質統治者，在處理民事爭端、收容難民、分配糧食等方面擁有準官方權限。

其中，米蘭的主教安布羅休斯（Ambrosius）是此一趨勢的代表性人物。他不僅在宗教上強調正統教義，更在政治上直接挑戰皇權，曾因狄奧多西下令屠殺帖撒羅尼迦民眾事件，拒絕讓皇帝進入教堂，要求其公開懺悔。這一舉動象徵教會道德權威凌駕於皇權之上，開啟教會對國家行為正當性的審判權。

教士參政也帶來政教邊界的模糊。部分主教積極介入地方行政，干預軍事與稅務政策，甚至影響皇帝繼承人選與宮

廷政治布局。宗教法庭的擴張與教會法權的建立,使得帝國司法系統出現雙重結構,皇室與主教之間的協調與對抗成為晚期帝國政治的新常態。

另一方面,教士群體本身也因勢力擴大出現腐敗與內部權鬥現象。教區爭奪、教會財產糾紛、信徒動員為爭奪主教席位等問題屢見不鮮,使教會日益世俗化,並在道德上遭到部分知識分子與信徒質疑。

總結而言,教士政治勢力的正式登場,是羅馬帝國由世俗官僚治理轉向政教混合體制的重要轉折。它既強化了帝國社會的道德治理,也為後世中世紀神權政治的成形奠定制度基礎。這一變局象徵著信仰與權力結構深度融合的開始,並在帝國分裂進程中扮演日益主動的角色。

第九節　文化分裂與語言轉變的起點

在羅馬帝國邁入晚期的同時,除政治與宗教上的分化趨勢日益明顯外,文化與語言的裂解也悄然醞釀,逐步形塑出東西帝國各自獨立的文明路徑。這種文化異質性的擴大,最終不僅影響行政與教育制度,更對帝國認同與傳承觀造成根本性衝擊。

第七章　分治與張力：東西帝國的分裂根源

　　語言的分化是最直觀的表現。西部帝國以拉丁語為官方語言，普遍使用於法律、行政與軍事系統。拉丁語擁有高度規範性與傳承性，是羅馬文化統一與帝國意識的主要媒介。東部帝國則以希臘語為主流，尤其在教育、哲學與神學著作上仍保有強大傳統。儘管官方文件中仍可見拉丁語形式，但實際運作中，希臘語逐步成為東部行政與學術的主導語言。

　　這種語言差異不只是工具層次的分化，更意味著思想與文化取向的差異。西部承繼拉丁語的法律精神、軍事秩序與城市行政邏輯，傾向於形式化與制度化；而東部則在希臘語文脈中延續辯證思維、神祕哲學與宗教象徵性，強調理念與教義詮釋的深度。兩種語言所承載的世界觀，使得東西帝國在面對同一問題時，往往採取截然不同的解決策略與價值優先。

　　文化傳承方面，西部較偏重羅馬實務精神與民法傳統，注重建設、公眾事務與軍政紀律。而東部則在基督教神學與古典哲學交織下，發展出一種以神聖智慧與靈性修練為主軸的文化結構。君士坦丁堡與安提阿等城市成為神學與哲學重鎮，而米蘭與迦太基則更具政治行政與軍事重心。

　　教育體系也反映這項分裂。西部的教育仍強調修辭、法律與實務知識的訓練，以培養官吏與軍官為主；東部則以哲學、神學與辯論為重心，教師多為神職人員，學校與教堂密切結合，形成教會控制下的知識體系。這導致東部知識結構

日益宗教化,而西部則維持相對世俗取向。

此外,文化象徵亦開始走向分岐。西部持續使用傳統羅馬服飾、儀典與軍禮,視凱旋與元老院儀式為傳統象徵;東部則在拜占庭風格中引入更強烈的基督宗教元素,君士坦丁堡皇宮中的宗教圖像與詩文儀式,反映出一種融合君權與神權的新政體文化。

總結而言,東西帝國的文化與語言分裂並非突變,而是長期累積的歷史與地理條件下的自然演化。這種裂解現象雖未立即導致政權斷裂,卻逐漸侵蝕帝國內部的整體認同與制度一體性。當語言無法溝通、文化價值各異,帝國所依賴的共識與統合便陷入危機,這正是東西分治最深層的文明起點。

第十節　狄奧多西死後的不可逆分裂

西元 395 年,羅馬皇帝狄奧多西一世病逝於米蘭,結束了他在動盪時代中力挽狂瀾的統治生涯。臨終前,他將帝國正式劃分為東西兩區,分別交由兩位年幼子嗣 —— 阿卡狄奧斯(Arcadius)統治東方、霍諾留(Honorius)統治西方。這項安排原意為保障皇室繼承權,穩定政局,但實際上卻成為帝國正式分裂的轉捩點,也象徵著羅馬世界無可逆轉的制度斷裂。

第七章　分治與張力：東西帝國的分裂根源

狄奧多西分配權力的方式，不僅忽略了兩子政治歷練的不足，更未建立有效的協調與監督機制，使兩區政權自此走向各自為政的格局。東方由宦官與宮廷貴族把持朝政，皇帝多淪為傀儡；西方則在軍事將領控制下形同軍閥政治，宮廷爭權與內戰不斷，皇權形同虛設。原本僅為權力代理的分治架構，演變為實質的制度分裂。

這場分裂在軍事調度與外交決策上表現尤為明顯。當西方遭遇哥德人壓境、蠻族侵入與內部叛亂時，東方政權往往選擇觀望甚至拒絕支援。反之，東方若面臨波斯威脅或巴爾幹不穩，西方亦未必介入。帝國兩翼再無統一戰略，更無共同行動，軍事體系形同兩個國家的編制，從根本削弱了帝國的整體防衛能力。

在行政與法律領域，東西也迅速發展出不同的治理文化與體制。東部強化官僚體系、法令編纂與財政管理，逐步形成以君士坦丁堡為中心的拜占庭式政體；西部則因財政困乏與人力短缺，日益依賴地方貴族與軍閥合作治理，中央權力逐漸邊緣化，法令實施能力薄弱。

宗教方面，雖名義上仍奉尼西亞正統為共識，但地方主教權力日益膨脹，教會與皇權的互動模式也大相逕庭。東方傾向由皇帝主導教會議會與教義定義，西方則出現以羅馬主教為核心的獨立發展路徑，教宗體制逐漸成形。這樣的宗教制度分野，為日後東正教與羅馬天主教的分裂鋪墊制度基礎。

第十節　狄奧多西死後的不可逆分裂

　　此外，文化與語言差異隨著制度演化而更加固化。東方日益希臘化，推崇神祕主義與神權統治，官僚行政制度成熟穩定；西方則維持拉丁語傳統，卻因政局混亂與教育凋敝，文化發展停滯，陷入軍閥割據與社會退化的惡性循環。

　　西元 476 年西羅馬帝國正式滅亡後，東部政權不僅未予干預，反而在某種程度上默認其終結。這正證實自狄奧多西之死以來，帝國已不再具備統一整合機制，雙方政權、制度與文化的分裂，早已成為事實。

　　總結而言，狄奧多西死後的權力劃分，雖出於皇室繼承與政局穩定的考量，卻因缺乏有效制衡與制度整合機制，使得帝國最終走向不可逆的分裂。這場制度性斷裂不僅終結了羅馬作為一個統一帝國的歷史，也為歐洲中世紀的東西文明體系奠定地理與文化上的基本格局。

# 第七章　分治與張力：東西帝國的分裂根源

第八章
西羅馬的斷裂：
崩壞、侵略與終局

第八章　西羅馬的斷裂：崩壞、侵略與終局

第一節　哥德人入侵與羅馬第一次陷落

羅馬帝國歷經數世紀的興盛，其疆域一度涵蓋歐亞非三洲，然而，到了西元四世紀末，帝國的邊防早已搖搖欲墜。這一切的轉折始於西元376年，當大量哥德人因匈人的侵襲而遷徙至多瑙河以南，懇求進入羅馬領土避難。當時的東羅馬皇帝瓦倫斯在缺乏審慎評估的情況下同意其請求，這個決定最終導致災難性的後果。

哥德人初至羅馬境內時，本應受到妥善安置，然而貪婪的羅馬官吏卻趁機剝削這批難民。糧食供應不足、待遇苛刻，加劇了哥德人的不滿與反叛情緒。羅馬政府未能控制局勢，反而激化矛盾，導致這些原本尋求庇護的蠻族最終揭竿而起。西元378年，瓦倫斯親率大軍迎戰哥德人，雙方於哈德良堡展開激烈會戰。此役羅馬軍隊全軍覆沒，皇帝瓦倫斯戰死沙場，此為帝國自克拉蘇於卡萊戰役敗亡以來最為慘烈的失利之一。

哈德良堡戰敗後，哥德人在帝國境內橫行無忌。儘管狄奧多西一世後來透過外交手段暫時安撫哥德人，並將其安置於帝國邊陲地區，形式上使其成為帝國的「同盟軍」，但實際上帝國對哥德人的掌控力已大不如前。這些蠻族部落保留了自己的武裝與領袖體系，對中央政權的忠誠亦極為有限。

第一節　哥德人入侵與羅馬第一次陷落

到了西元五世紀初，帝國政治愈發動盪，西羅馬皇帝的實權幾近喪失。正是在這樣的背景下，哥德首領亞拉里克崛起。他原為羅馬軍隊的指揮官之一，後因不滿待遇與缺乏晉升機會而離開帝國軍旅，自立為王，號召部族南下掠奪。西元410年，亞拉里克率軍進攻義大利本土，最終兵臨羅馬城下。

這座自共和時代以來未曾被外敵踏入的永恆之城，在無力反抗的情況下陷落。羅馬被洗劫三日，雖未遭屠城，卻象徵著帝國威嚴的終結。教父聖奧斯定在著作《上帝之城》中對此深表痛心，他認為這一事件不僅是政治與軍事的敗筆，更是靈性與信仰危機的警示。

羅馬第一次陷落所帶來的震撼遠播歐洲各地。昔日被視為世界中心的帝國首都竟落入蠻族之手，無異於文明世界的黃鐘毀棄。這一事件亦讓當時的知識分子開始重新思考帝國與宗教、政治與道德、榮光與毀滅之間的微妙關係。從此之後，羅馬帝國不再是那個不可一世的政治實體，而逐漸演變為一個文化與信仰的象徵，其實質權力則轉移至教會與新興勢力之手。

哥德人的入侵與羅馬的陷落，不僅象徵著古典世界的終結，也為中世紀的曙光鋪設了道路。當帝國的軍團不再能捍衛疆土，當皇帝的命令不再具有效力，人民轉而將希望寄託於宗教、修道院與地方貴族之上。這場文明的轉型，既是一種結束，也是一種重生。

第八章 西羅馬的斷裂：崩壞、侵略與終局

第二節 阿提拉與匈人的歐洲擾動

在哥德人震撼帝國邊疆並攻陷羅馬城之後，另一支來自東方草原的力量也逐步逼近歐洲文明的核心，那便是匈人。匈人的進逼不僅使東歐與中歐地區陷入長期動盪，其最具代表性的領袖——阿提拉（Attila）——更成為當時基督教世界最恐懼的名字。從東歐草原到高盧平原，匈人所掀起的連環軍事威脅，深刻地改變了歐洲權力版圖，也加速了西羅馬帝國的內部解體。

匈人在四世紀下半葉開始西遷，其鐵騎戰術與高機動性的軍事特徵，使得歐洲諸部族難以招架。哥德人、汪達爾人、阿蘭人等皆因匈人壓力被迫向西南遷徙，進一步加劇羅馬邊疆的防衛困境。這一連串的民族遷徙浪潮，歷史學界稱為「民族大遷徙」，其根源之一便是匈人對歐洲草原地區的擠壓與整合。

阿提拉於西元 434 年與其兄布萊達（Bleda）共治匈人帝國，並在兄長死後獨掌大權。他以君臨萬邦之姿統御多個部族，打造出橫跨多瑙至伏爾加的草原霸權。匈人軍隊組織嚴密、作戰凶猛，對羅馬雙帝國構成空前壓力。東羅馬帝國屢屢向其進貢以換取和平，然而這種退讓反而助長了阿提拉的野心。

西元 451 年，阿提拉大軍橫越萊茵河，進入高盧地區，意圖進一步拓展其霸權版圖。這場入侵促成了羅馬與西哥德

第二節　阿提拉與匈人的歐洲擾動

人前所未見的聯盟，由西羅馬名將埃提烏斯（Flavius Aetius）與西哥德國王狄奧多里克一世（Theodoric I）聯合抵抗。在沙隆戰役（Battle of the Catalaunian Plains）中，聯軍與匈人爆發激烈交戰，最終成功阻止阿提拉深入高盧腹地，雖勝猶敗，但這場戰役被視為羅馬最後一次成功阻擋外敵大舉入侵。

翌年，阿提拉轉而進攻義大利，橫掃波河流域諸城。羅馬城再度面臨浩劫之際，教宗良一世（Pope Leo I）親自出城勸諫，使得阿提拉撤軍。關於此次會面的詳情眾說紛紜，有說是談判奏效，也有認為匈人軍隊因疫病與補給困難而自行退卻。無論真相為何，阿提拉未攻陷羅馬，被後世視為神蹟與教權干預戰爭的象徵性時刻。

西元453年，阿提拉在迎娶日耳曼女子伊爾迪科（Ildico）之夜猝死，其死因眾說紛紜，帝國危機也隨之緩解。匈人聯盟迅速瓦解，諸部族重獲獨立並自組勢力，結束了匈人對歐洲的短暫霸權。

阿提拉之亂所揭示的，不僅是匈人鐵騎對歐洲世界秩序的衝擊，更是帝國軍事體系外包、外交策略屈從與族群動員失控的綜合危機。羅馬帝國在這場草原力量的擾動中未必全然戰敗，卻已無力重新塑造自身的主動性，只能疲於應對，一步步讓渡主導權給予異族將領與同盟軍。阿提拉的崛起與衰亡，如同一場來自東方的暴風，不僅動搖了帝國的疆界，也撼動了其文明中心的根基。

第八章　西羅馬的斷裂：崩壞、侵略與終局

第三節　霍諾留與波尼法的政治泥淖

在蠻族壓境、邊疆潰散的背景下，西羅馬帝國內部的政治亦陷入無窮泥淖。皇帝霍諾留（Honorius）與非洲軍政長官波尼法（Bonifatius）之間的矛盾，反映出帝國晚期權力分裂、政治猜忌與軍政失調的結構性危機。兩人之間的衝突不僅使帝國失去非洲這一糧倉行省，也揭示了皇帝政令已無力統御軍方將領與地方行政機構的現實。

霍諾留自西元 395 年繼位以來，其統治即飽受質疑。與其父狄奧多西一世的雄才大略相比，霍諾留缺乏政治手腕與軍事能力，長期依賴權臣操控國政。其中尤以將軍斯提里科（Stilicho）最為著名，然而斯提利科於 408 年遭誣陷被殺之後，宮廷更趨混亂，皇帝更形孤立。霍諾留時期的宮廷政治充斥著陰謀與權鬥，使得地方將領往往不再信任中央命令，轉而依自身判斷處事，波尼法正是其中一例。

波尼法原任職於高盧軍區，後被派任非洲總督。他在當地整頓軍政，頗受地方支持，然而卻因宮廷內部對其忠誠度產生懷疑，被朝廷誣控為叛逆。霍諾留派遣將軍西吉斯武爾（Sigisvultus）率軍征討，波尼法則出於自保心理，與當時仍盤據伊比利亞的汪達爾人聯手。汪達爾人遂於 429 年越海侵入北非，對帝國糧食供應構成致命威脅。

第四節　汪達爾人奪取北非的海權挑戰

　　史家普羅科匹厄斯與奧羅修斯等人對波尼法的行為評價不一。有者認為其出於忠誠被誤會後才反叛，有者則批其私心與野心使國家蒙難。無論動機如何，汪達爾人在日耳曼尼克國王蓋薩里克（Gaiseric）帶領下迅速攻陷非洲諸省，並於439年奪下迦太基。帝國喪失北非，意味著失去主要糧食與稅收來源，軍隊糧餉供應受阻，羅馬城防線形同裸露。

　　波尼法晚年雖回歸帝國陣營，並在449年與朝廷和解，但為時已晚。非洲已無可挽回，汪達爾王國的建立正式宣告羅馬對地中海西南的控制終結。霍諾留則早在423年病死於拉溫納，其政績貧乏、名聲低落，被後世評為無能的象徵性君主。

　　霍諾留與波尼法之間的矛盾，不僅是一場誤解與背叛的故事，更反映出帝國末期中央對地方失控、皇權空洞化與軍事外包的嚴重後果。在這場泥淖之中，無論誰對誰錯，帝國的失土與秩序的崩解才是最終的結局。

第四節　汪達爾人奪取北非的海權挑戰

　　汪達爾人的崛起與其對北非的征服，不僅是蠻族進入羅馬世界的又一章，更深刻撼動了地中海沿岸的權力平衡。這個原本被羅馬視為邊陲蠻族的日耳曼民族，最終竟能掌控羅

第八章　西羅馬的斷裂：崩壞、侵略與終局

馬帝國最關鍵的糧倉與海權樞紐，成為帝國海上生命線的掐喉者，顯示出帝國海防政策與戰略眼光的長期失效。

汪達爾人原先活動於日耳曼地區，後在民族大遷徙中經高盧南下至伊比利亞半島，在那裡短暫定居。西元429年，在其國王蓋薩里克（Gaiseric）的領導下，他們率領五萬餘人越過直布羅陀海峽，入侵北非行省。這場遷徙並非偶然，而是帝國內部混亂與地方將領矛盾的直接產物。正如前節所述，波尼法與中央政權決裂後，與汪達爾人結盟，引狼入室，終致後患無窮。

蓋薩里克展現出卓越的軍事與政治手腕，他深知控制北非不僅意味著土地，更代表掌握帝國的糧食命脈與通向地中海的戰略制高點。汪達爾人在入侵初期即針對港口、糧倉與交通要道展開快速攻勢。從西元430年圍攻希波（Hippo Regius），到439年奪取迦太基，不到十年間，他們奪下羅馬帝國在北非最精華的城市與港灣，徹底摧毀帝國對此地的統治。

迦太基淪陷後，汪達爾人迅速建立海軍，以此為基地展開劫掠與海上封鎖。蓋薩里克理解海權對帝國而言的脆弱與重要，遂刻意攻擊西西里、薩丁尼亞與義大利沿岸，並於455年親率艦隊突襲羅馬城。這場掠奪雖未屠城，但象徵意義重大：帝國不僅陸防崩潰，連海防亦淪喪無力。

東西兩羅馬帝國皆曾嘗試挽回失地，東羅馬皇帝利奧一世於468年發起大規模北非遠征，但由於統帥失策與後勤困

難，遠征慘敗，損失近半艦隊與數萬兵力，元氣大傷。自此，汪達爾人實質控制北非與西地中海制海權，成為與帝國分庭抗禮的強權。

然而，汪達爾海權並非長治久安。由於其政策排斥羅馬貴族與天主教勢力，加上內部族群對立與繼承爭端，其海上優勢於六世紀初逐漸喪失。拜占庭將領貝利撒留（Belisarius）於 533 年出兵征服北非，汪達爾王國迅速瓦解，結束其約百年的霸權。

汪達爾人奪取北非與建立海權的歷程，說明帝國晚期在海防、外交與軍事整合上的全面崩壞。從地中海「我們的海」（Mare Nostrum）變為劫掠戰場，羅馬不再能以海權作為戰略屏障，而蠻族政權則首次展現海上投射力，開啟了中世紀地中海權力競逐的先聲。

第五節
西羅馬晚期的軍權政治與地方割據

當帝國疆域持續萎縮、中央機制癱瘓之際，西羅馬進入了政治權力分裂與地方軍事割據的深重泥淖。自第五世紀中葉以降，皇帝的象徵性角色愈發空洞，實際政局則由軍事將領與地方強人所左右，構成一種名存實亡的帝國結構。這種

第八章　西羅馬的斷裂：崩壞、侵略與終局

政治生態不僅削弱了帝國整體的整合力，也加速了地方割據勢力的興起，形成權力碎片化與秩序鬆散的惡性循環。

西羅馬宮廷長期依賴日耳曼裔僱傭軍維持軍事防線，而這些軍隊的指揮官往往握有兵權與政權雙重權力。以李希梅爾（Flavius Ricimer）為例，儘管他本人無資格登基，卻透過控制軍隊與操控宮廷，先後扶植數位傀儡皇帝，包括阿維圖斯、馬約里安與安特米烏斯等人。皇帝的任命與廢黜形同兒戲，帝國政局遂淪為軍閥與朝臣的拉鋸場。

地方割據情勢亦日益惡化。高盧地區原由羅馬總督與軍隊控制，但自阿維圖斯失勢後，實權漸為西哥德人所取代。不列顛早在四世紀末即因軍隊撤離而失去中央管轄，形成自給自足的小政權。伊比利亞半島則成為西哥德與汪達爾人的戰場，羅馬僅保有少數沿海據點。

在義大利本土，歐瑞斯特（Orestes）為鞏固其軍權與地位，將其子羅慕路斯·奧古斯都推上皇位，實為象徵性人物。而這一舉動引發日耳曼僱傭軍不滿，他們要求分封土地為賞，遭拒後轉而擁立奧多亞塞（Odoacer），並於476年廢黜羅慕路斯，結束西羅馬皇帝的法統。奧多亞塞雖宣稱效忠東羅馬，但實際上自立為義大利之王，建立實質獨立的政權。

軍權政治導致的後果是：帝國中心不再具有調動軍隊、推動改革與整合邊疆的能力，而地方勢力則依賴軍事力量自

立為王。這些軍事領袖多非羅馬出身，對傳統元老與市政體系缺乏認同，使原有文官行政網絡崩潰，城市治理與基礎建設急遽衰退。

在這樣的局勢下，教會逐漸成為唯一跨地區、具文化連續性的制度力量。羅馬教宗與主教群體透過教會網絡維繫部分社會穩定，但也難以抵禦整體政治秩序的瓦解。軍權割據與皇權空殼相互交織，成為西羅馬最後二十年歷史的主旋律。

這一階段的羅馬，名為帝國，實為散沙；皇帝猶存，權力已亡。軍事力量既是守護者，也是掘墓人，地方割據與中央失能則共同宣告了西羅馬帝國無可挽回的衰亡進程。

第六節　藝術、文學與帝國精神的式微

當羅馬帝國的軍政結構日漸崩潰，其文化領域也難以倖免於衰頹命運。藝術與文學作為帝國精神的象徵與延伸，在動盪的世局與信仰轉型中失去了往昔的榮光與創造力。五世紀後期，隨著蠻族入侵、城市頹敗與教育資源枯竭，古典文藝的傳統逐步中斷，而帝國精神──那種以秩序、榮耀與羅馬使命為核心的自我認同──亦在此期間顯著式微。

第八章 西羅馬的斷裂：崩壞、侵略與終局

羅馬藝術原本深受希臘風格影響，講求比例、和諧與自然寫實。然而進入晚期帝國時期後，隨著基督教興起與社會不安，藝術創作漸漸由寫實走向象徵，由人本轉為神本。壁畫、浮雕與鑲嵌畫強調宗教敘事與神聖圖像，忽略人體動態與空間感，反映出藝術從頌揚世俗文明轉向教化與崇拜的功能轉型。尤其在西羅馬的省份，藝術資源集中於教堂建築與宗教用品，城市雕像與凱旋門等世俗公共藝術幾近停滯。

文學方面，五世紀後期缺乏如西塞羅、維吉爾或李維等具世界觀與修辭創見的大師。當代文人多受限於神學辯論、殉教敘事與道德訓誨，創作題材趨於單一。雖有如希多尼烏斯·阿波利納里斯（Sidonius Apollinaris）等貴族詩人試圖維持古典詩風，但其作品多半流於模仿與懷舊，缺乏創新張力。拉丁語文學在形式上延續，精神內涵卻已日漸剝離帝國宏大敘事。

同時，教育制度的崩壞亦導致知識傳承斷裂。傳統羅馬的修辭學校與文法教學漸次關閉，文書與行政人才無以為繼。蠻族首領雖有時試圖延續羅馬制度，但對古典教育的理解與支持有限，導致文學創作與公共文化出現斷層。人民識字率下降，書籍傳抄效率衰退，知識分子逐步轉入修道院體系，在封閉空間中進行保存與抄錄。

帝國精神之所以式微，並非單一文化現象，而是政治無力、社會焦慮與價值轉向的總體反映。古典時期所崇尚的榮譽、公民義務與世俗成就，在戰亂與饑荒中逐漸讓位於末世

思想、禁慾修行與靈魂得救。羅馬不再是世界之主，而成為一種歷史回憶與文化幻象。

然而，這種文化退潮並非完全破壞性的終結。在藝術的抽象化與文學的宗教化背後，孕育出另一種中世紀文化的胚胎。新的審美形式、新的敘事主題與信仰價值，雖不再建構於帝國疆界，卻開始為歐洲另起一套文化語言與精神象徵。藝術與文學的式微，實為重組與轉化的前奏，在舊世界崩壞之際為新紀元預留了一線生機。

第七節　聖奧斯定之死與思想轉捩

當羅馬帝國政治與軍事體系崩解之際，一位思想巨擘的離世也象徵著古典世界理性傳統與宗教哲學之間的深層轉捩。西元 430 年，北非城市希波・雷吉烏斯（Hippo Regius）正遭汪達爾人圍攻，城內人心惶惶。在這座城市的主教堂中，奧斯定（Augustinus Hipponensis）臥病不起，於憂憤與沉思中辭世。他的逝世，正好發生在羅馬失去非洲的前夕，歷史的巧合讓這位拉丁教父的生命終點成為時代精神轉向的象徵。

奧斯定原是一位擁抱修辭、熱愛世俗哲思的青年，其早年沉浸於摩尼教與希臘哲學，後來因皈依基督信仰而蛻變為天主教神學的奠基者。他的思想集希臘哲學的邏輯推演與基

第八章　西羅馬的斷裂：崩壞、侵略與終局

督教神學的信仰深度於一身，最終發展出一套解釋歷史與人性的整體架構。其名作《懺悔錄》與《上帝之城》成為晚期羅馬文化的精神地標，既為個人靈魂書寫，也為整個文明的命運預立詮釋。

在《上帝之城》中，奧斯定回應 410 年羅馬城陷落所引發的震盪。他主張世俗之城（civitas terrena）無可避免地腐朽滅亡，而唯有天上之城（civitas Dei）方能永恆。這一觀點有效回應了羅馬失落的焦慮，將歷史從人類政權的興衰中抽離，轉而納入神聖計畫的宏觀視角。他並非否定現世秩序的重要性，而是提供一種信仰與倫理超越現實政治敗象的道路。

奧斯定的思想影響深遠。他對原罪、人性軟弱與恩典的理解，成為西方基督宗教對人類歷史與社會秩序判斷的核心之一。他的神學不僅形塑了中世紀教會的信仰根基，也為西方文明思辨傳統引入一種內省、懺悔與拯救的精神特質。當羅馬帝國的實體正在崩毀，奧斯定筆下的「上帝之城」卻成為信仰共同體的象徵，延續了超越疆界的精神秩序。

值得注意的是，奧斯定的離世不僅是一位思想家的終章，更象徵著從古典理性向神學主導思維的歷史轉折。他本人雖熟稔西塞羅與柏拉圖，卻選擇以信仰的視角重塑這些哲學遺產。此舉預示古典文化中心的轉移：從以人為本的政治共同體，走向以神為本的信仰共同體；從元老院的論辯場，轉入修道院的沉思室。

在北非落入汪達爾之手、希波城遭焚之後，奧斯定的遺骨被遷往薩丁尼亞島，其著作則在蒙昧的年代中被修士珍藏、抄寫與傳誦。即使帝國已不復存在，他的思想卻以文字的形式穿越千年，持續影響後世關於自由意志、正義秩序與人性本質的討論。

聖奧斯定之死，無疑是西羅馬帝國精神與思想的一個關鍵斷點。他為古典與基督信仰之間搭起橋梁，也為即將來臨的中世紀提供思想坐標。當世俗秩序四分五裂之時，他的神學藍圖為無數靈魂指引方向，使信仰超越時代廢墟，成為唯一堅實的家園。

第八節　馬克西穆斯等短命皇帝的悲劇

西羅馬帝國進入第五世紀末葉後，皇權愈發不穩，皇帝的人選往往淪為軍事將領與朝廷權臣的權謀工具。這一時期的皇帝多數在位時間短暫，缺乏實權，政績寥寥，甚至來不及施政便已被廢黜或殺害。其中佩特羅尼烏斯·馬克西穆斯（Petronius Maximus）等人便成為這段歷史中的縮影，其悲劇性命運揭示了帝國政治制度的徹底崩潰與統治正當性的消散。

馬克西穆斯於西元 455 年在前皇帝瓦倫提尼安三世（Valentinianus III）遇刺後登基。作為元老院出身的貴族，他缺乏

第八章　西羅馬的斷裂：崩壞、侵略與終局

軍事背景，也未得到東羅馬與西部將領的廣泛支持。他為穩固地位，強行迎娶前皇后歐多克西亞（Licinia Eudoxia），更引發皇后求援汪達爾王蓋薩里克（Gaiseric）的行動。不到三個月，迦太基艦隊便已抵達義大利沿岸。馬克西穆斯在混亂中企圖逃亡，途中被暴民所殺，其短暫統治形同笑柄，亦引爆羅馬遭掠劫的災難。

其後登基的阿維圖斯（Avitus）、馬約里安（Majorian）、利比烏斯·塞維魯斯（Libius Severus）等皇帝亦多半倚賴將軍如李希梅爾等人擁立而登基，權力實際掌握在軍方手中。阿維圖斯為高盧貴族，嘗試整合高盧與義大利，但遭到本土貴族排斥，短短一年即遭罷黜。馬約里安雖有意圖改革與復振帝國軍力，試圖收復非洲與重整財政，但其計畫遭李希梅爾反對，最終被廢殺。這些短命皇帝一方面象徵帝國人才的匱乏，另一方面則是制度崩壞下的制度性輪替，皇帝已非穩定與權威的象徵，而成為軍政平衡中的消耗品。

皇帝的更替頻繁，亦削弱了民間對中央政權的信任與服從。當人民目睹皇帝如走馬燈般上臺下臺，其合法性便不再來自神授或世襲，而是來自暴力與交易。這使得羅馬統治的光環徹底破滅，蠻族首領的領導反而因穩定與效率而獲得部分地區的支持。

東羅馬對這些短命皇帝多持觀望態度，有時承認，有時拒絕，試圖保留對西方政局的部分影響力。然無論是政治承

認或軍事干預，皆無法逆轉西羅馬日益碎裂的局面。帝國名義雖存，實際統治權已轉移至地方軍閥與蠻族國王之手。

這一連串的短命皇帝與他們的悲劇命運，揭示出帝國晚期的政治體質已無可救藥。皇權不再是穩定秩序的核心，而是權力角力的產物。當皇位成為眾矢之的，皇帝本身的象徵與功能也隨之消解，帝國便不再是一個由中央主導的整體，而僅是一個名義上的記憶與殘影。

第九節　奧多亞塞與皇權名存實亡

476 年，這個年代在歐洲歷史中擁有特別的象徵意義，因為它象徵著西羅馬帝國的正式終結。這一歷史節點的核心人物，便是日耳曼出身的將領奧多亞塞（Odoacer）。他的崛起與掌權，並非來自傳統元老院的合法任命，也非軍事征服者的橫空出世，而是西羅馬權力架構自我解體的產物。奧多亞塞掌握政權之後，雖未自立為皇帝，卻已實質統治整個義大利，西羅馬皇權也從此成為無實權的符號。

奧多亞塞原為西羅馬軍隊中的日耳曼僱傭軍首領，當時因羅慕路斯·奧古斯都（Romulus Augustulus）的父親歐瑞斯特拒絕履行分封土地的承諾，引發軍隊兵變。奧多亞塞趁勢而起，推翻歐瑞斯特並廢黜年僅十多歲的羅慕路斯，成為義大

第八章　西羅馬的斷裂：崩壞、侵略與終局

利事實上的統治者。他拒絕稱帝，轉而將皇帝的權威象徵交還東羅馬皇帝芝諾（Zeno），自稱「義大利的國王」（rex Italiae），象徵帝國權力正式由羅馬轉移至蠻族將領手中。

這一舉動在形式上仍保留對東羅馬的名義臣屬，實則確立了義大利政權的自主性。東羅馬雖對此態度曖昧，表面接受奧多亞塞的地位，實則謀求收回西部控制權，但在當時軍力與外交條件有限的情況下，無力干預。奧多亞塞掌權後採取實用主義方針，延續部分羅馬官僚體系與法律制度，試圖維持秩序與穩定，並獲得羅馬貴族階層一定程度的合作與支持。

然而，奧多亞塞的統治亦面臨內部結構性困境。他既非羅馬血統，又無宗教神授的合法性，其統治基礎依賴軍事與個人威望，缺乏可延續的制度安排。此外，東羅馬對其不信任始終未解，最終促成東羅馬皇帝支持東哥德人進軍義大利。由狄奧多里克（Theodoric the Great）領軍的東哥德大軍於489年入侵義大利，歷經多年戰爭後於493年殺死奧多亞塞，建立東哥德王國，義大利再次易主。

奧多亞塞短暫的統治未能延續，但其歷史地位不可忽視。他的出現揭示了皇帝制度在西方的完全崩潰，即便仍有皇帝名號，卻無軍隊、無財政、無施政空間，只存形式。奧多亞塞取而代之，代表的是一種過渡型政權：既非傳統羅馬政體，也未全然落入蠻族君主制的類型，而是一種混血、臨時且不穩定的權力安排。

此一過渡的象徵性，在於羅馬城雖未即時沉沒於戰火，卻也無力再發出政策與命令。元老院形同虛設，教會成為唯一具有制度延續性的機構，整個義大利政治權力重心從古典意義的「皇帝」轉移至武力強人手中。從此以後，「羅馬皇帝」在西方世界的稱號，將沉寂數百年，直至查理曼加冕，方才在教會神授的加冕儀式中獲得復名。

　　奧多亞塞的統治，是西羅馬最後一段可見的政權形式，也是帝國夢境徹底甦醒前的殘響。他證明了，一旦制度信任與文化認同瓦解，即便擁有舊制的形式也無法維繫新秩序。皇權從此名存實亡，羅馬的故事則轉入另一段歷史篇章。

第十節　西羅馬的消逝與歷史印記

　　476 年，羅慕路斯・奧古斯都的退位象徵著西羅馬帝國的正式終結。這一事件並未伴隨一場戲劇性的帝都陷落或是國號廢除，而是以行政權移轉、皇位中止的形式悄然發生。正因如此，西羅馬的消逝不僅是制度上的崩解，更是一段文明結構內在信仰與認同的逐步散解。從凱撒到奧古斯都，從戴克里先到狄奧多西，橫跨數百年的帝國體系終於走到終點，留給歷史的，卻遠不止一個消失的政體。

第八章　西羅馬的斷裂：崩壞、侵略與終局

西羅馬帝國的瓦解並非單一事件，而是一系列政治碎裂、軍事失控、經濟衰退與文化轉型的總和。行政中樞無力統御地方，軍隊成為自立山頭的勢力工具，財政體系瓦解使得公共事務無以為繼，而知識與文化的重心也轉向教會與修道體制。最終，「帝國」一詞雖仍迴盪於教士與文人之筆，實際上卻早已淪為一個無法具體執行的記憶象徵。

然而，西羅馬的消逝並非文化與秩序的全面中斷。相反，羅馬法的影響仍存於蠻族王國之中，城市治理的觀念、拉丁語書寫、基督宗教的禮儀體系與行政架構，也繼續在不同地區演化。許多蠻族領袖甚至自稱「羅馬人」，力圖以新形式繼承舊制度的正當性。這些痕跡顯示，帝國雖已崩潰，但其文化與制度的餘緒卻以潛移默化的方式延續，並最終融入中世紀歐洲的文明基底。

西羅馬的滅亡亦深刻影響歐洲的歷史記憶與想像。中古世紀的王國與公國，無不試圖在名義或儀式上尋求與羅馬的聯繫。查理曼的加冕、神聖羅馬帝國的命名，甚至教宗對皇權授與的儀式，皆反映出羅馬作為合法性來源的長遠延續。帝國雖亡，但其作為一種政治模型與文化象徵，卻歷久不衰。

歷史學家們對西羅馬的終焉有不同詮釋。有者強調其衰退的必然，有者則指出其制度轉型與文明重構的契機。不論解讀為「衰敗」抑或「轉化」，西羅馬帝國的結束都象徵著古

第十節　西羅馬的消逝與歷史印記

典世界的落幕與中古世界的開場。在這個交界點上，我們不僅看見舊體系的崩解，也看見新秩序的萌芽。

因此，西羅馬的消逝應被視為一場文明秩序的重構過程。它不只是王朝的終結，更是一個世界觀的轉換：從公民共和與元老院的政體自信，走向神權政治與封建秩序；從帝國軍團與行政命令的掌控，轉向地方領主與宗教結社的治理。羅馬不再是一個存在於地圖上的政權，而是潛藏於歐洲記憶與制度中的深層結構，成為一個永不磨滅的歷史印記。

第八章　西羅馬的斷裂：崩壞、侵略與終局

第九章
拜占庭的堅守：
東帝國的獨存與變形

第九章　拜占庭的堅守：東帝國的獨存與變形

第一節　君士坦丁堡的戰略與防線

自從君士坦丁大帝於西元 330 年將帝國首都遷至拜占庭，並命名為君士坦丁堡（Constantinople）之後，這座城市便逐步發展成為羅馬帝國東部的政治核心與軍事重鎮。其地理位置橫跨歐亞大陸，北控多瑙河防線，南臨愛琴與黑海交通要衝，自古即為兵家必爭之地。在帝國重心逐漸東移的歷史進程中，君士坦丁堡不僅是政權象徵，更是抵禦蠻族與波斯的堡壘，承載著羅馬文明延續與轉型的雙重使命。

君士坦丁堡的防線體系以其三重城牆聞名於世。西側陸牆最為堅固，由狄奧多西二世於五世紀初建造，包含主牆、副牆與壕溝，總厚度超過五十公尺，高度達十二公尺以上，配備眾多防禦塔與箭樓，構成無可匹敵的屏障。北部與南部依海設防，雖較薄弱，卻有艦隊駐防與鐵鏈封鎖港口作為輔助。這套防禦工事在往後數世紀抵禦無數波蠻族與阿拉伯軍隊攻勢，成為中世紀世界最堅不可摧的城市防線之一。

除了實體防禦工事，君士坦丁堡亦為帝國軍事與行政調度的核心。其鄰近小亞細亞本部，使得帝國得以迅速調動安納托力亞的精銳部隊，應對巴爾幹或東方邊疆的威脅。港口設施如金角灣與伊斯坦堡海峽亦成為帝國艦隊的主要據點，掌握著黑海與地中海的海上通道，有效防止敵軍由海路突襲。

從戰略角度而言，君士坦丁堡之所以重要，還在於其作為「帝國後方」的功能。當西部邊疆頻頻告急、日耳曼人與匈人壓境時，君士坦丁堡成為穩固的軍事後方與政治穩定器。即使羅馬本土遭受重創，東方首都依舊能組織反擊、接納難民、發動外交與宗教影響力，維繫帝國整體架構。

然而，這種防禦優勢亦非絕對。若帝國內部政治紛亂、軍費不足或將領離心，則再堅固的城牆也難敵外患與內鬥交織之勢。因此，君士坦丁堡的戰略價值與其背後制度能否運轉良好息息相關，亦反映出帝國晚期安全思維的轉變——從進攻防禦並重，轉向重城自守與邊防收縮。

總體而言，君士坦丁堡並非單一城市，而是一種制度象徵與軍事戰略的集成體。它的興起象徵著帝國重心的東移，其防線的堅固維繫了拜占庭時期數百年的安定，其存在本身，就是羅馬帝國從古典走向中古、從西方崩潰中求生轉化的最佳證明。

第二節
拜占庭帝國的文化重構與希臘化轉型

隨著西羅馬帝國的崩潰與帝國政治中心的東遷，拜占庭帝國逐漸發展出一套有別於古典羅馬的文化與認同體系。這

第九章　拜占庭的堅守：東帝國的獨存與變形

一過程不僅展現在語言與教育形式的轉變，更深刻地反映於宗教信仰、政治象徵與藝術風格之中。雖然拜占庭自視為羅馬帝國的正統延續，但其文化內核早已脫離拉丁傳統，逐步希臘化，形塑出一個全新而持久的東方帝國形象。

語言轉型是文化變遷的核心。六世紀以後，隨著東部拉丁語官僚逐漸被希臘語知識分子取代，希臘語遂成為政府、教育與宗教主要語言。拉丁語雖在軍政體制中殘存一時，但終在七世紀左右徹底退出拜占庭官方領域。語言的轉換也象徵著文化記憶與知識傳承的重新定位，拜占庭成為亞歷山大與雅典精神的新延續者，而不再是凱撒與西塞羅的繼承人。

宗教信仰亦帶動文化重構。基督教在東方教會的主導下不僅成為國教，更逐步形成與西方教會截然不同的神學詮釋與儀式體系。圖像神學、教父傳統與神祕主義在此期間興起，拜占庭的信仰生活轉向強調神聖神祕與靈性超越，並以東正教為核心建立文化共同體。

藝術與建築風格亦大異於古羅馬。從聖索菲亞大教堂的巨大圓頂與鑲嵌馬賽克可見，拜占庭藝術更注重象徵性與精神內涵，而非寫實與比例。圖像中常見金色背景、正面凝視的人像，強調神聖與超越，而非世俗空間中的動態表現。這些視覺語彙構築出與古典寫實截然不同的文化美學。

拜占庭的文化重構並非完全背離古典，而是融合希臘哲學遺產與基督教信仰，開創出一種新型態文明。亞里斯多德

與柏拉圖在神學論述中重獲新生，修道院則成為知識保存與傳播的堡壘。在這樣的轉型中，拜占庭不僅是羅馬的延續者，更是東地中海文明的再造者。

因此，拜占庭的文化特質不僅是歷史的過渡，更是歷史的創造。其希臘化的轉型，使帝國在羅馬瓦解之後仍能維持文化與宗教的自主性與生命力，並最終為斯拉夫世界與東歐文明提供深遠的思想根基。

第三節　文官制度與語言政策的變遷

拜占庭帝國的行政制度雖源自羅馬，但經歷數世紀的調整與重構後，逐步演化出獨具一格的文官體系與語言政策，深刻影響其治理方式與社會結構。這些制度的調整不僅是因應外部挑戰與內部效率需求，更展現出帝國對統一性、正當性與文化連續性的高度重視。

拜占庭的文官體系建立於晚期羅馬的基礎之上，皇帝透過一系列中央機構進行法律、財政、軍事與宗教的管理。七世紀以降，面對日益頻繁的外敵入侵與內部割據風險，中央政府進行大幅改革，將原先龐雜的行政系統簡化為更具地域彈性的「軍區制」（themata）。軍區總督（strategos）不僅負責軍事防衛，也兼理地方行政，呈現出軍政一體的實用模式。

第九章　拜占庭的堅守：東帝國的獨存與變形

　　在此過程中，文官出身的行政菁英逐漸取代貴族出身的舊式官員。這些菁英多來自城市中產階級，接受正規教育，通曉希臘語與法律，並在修道院或宮廷學校中累積行政經驗。這種新興文官階層有助於鞏固中央政權，維持制度穩定，也使官僚體系更具流動性與專業性。

　　語言政策方面，拜占庭帝國從六世紀後期起逐步放棄拉丁語，轉而全面推行希臘語作為官方語言。這一轉變不僅為了提升行政效率，更具有象徵意涵，反映出帝國認同的地理與文化重心已徹底東移。希臘語成為法律、軍令、宗教文獻與外交文件的主要媒介，也加深了帝國與西方拉丁世界之間的文化隔閡。

　　希臘語的官方化亦帶動教育與文學的發展。帝國設立官辦學校與修道院教育機構，教授語法、修辭、哲學與神學，形塑出一批受希臘經典訓練的官僚與知識份子。這些知識分子不僅在帝國內部擔任行政職位，也成為與鄰近文明交流的中介，推動拜占庭文化的對外輸出。

　　然而，文官制度與語言政策的集中也引發一定程度的排他性與官僚主義。地方貴族與非希臘語社群時常對中央政府產生疏離感，特別是在安納托力亞與巴爾幹山區，地區自主性與中央命令之間存在緊張。語言的同化策略固然強化帝國整體認同，卻也埋下日後地方離心與文化分裂的伏筆。

総體而言，拜占庭的文官制度與語言政策為帝國提供了長期治理的穩定基礎。它既鞏固了皇權，也維繫了帝國文化的內聚力。雖有制度性局限，卻在數世紀間支撐起一個多民族、多宗教的龐大國度，使其在動盪的地緣環境中得以維持延續與秩序。

第四節　聖像破壞運動與宗教爭端

拜占庭帝國在宗教文化上的發展，於八世紀進入劇烈震盪的時期。聖像破壞運動（Iconoclasm）即是一場由上而下推動、涉及神學、政治與民間信仰的巨大爭論，對拜占庭社會造成深遠影響。這場爭端揭示出帝國內部對宗教圖像功能的認知歧異，也突顯皇權與教會之間權限界線的模糊與衝突。

聖像崇拜自基督教早期即具重要地位，尤其在拜占庭藝術中發展出鮮明的圖像傳統。教堂內的耶穌、聖母與諸聖圖像不僅具宗教象徵性，更成為信眾敬拜與靈修的媒介。然而，部分神學家開始質疑這些圖像是否違反了《聖經》對偶像崇拜的禁令，並批評信眾對聖像的依賴已演變為迷信。

西元 726 年，皇帝利奧三世（Leo III）頒布命令，禁止聖像在公共空間出現，並命令破壞圖像，此舉標誌聖像破壞運動的開端。隨後的皇帝君士坦丁五世更進一步加強推動政

第九章　拜占庭的堅守：東帝國的獨存與變形

策，召開會議宣布聖像崇拜為異端，並迫害堅持圖像信仰的神職人員與修道士。這些行動在部分地區引發激烈反彈，尤其是在小亞細亞與修道院網絡中，形成頑強的抵抗聲浪。

聖像破壞運動的背後，亦具有明顯的政治考量。皇帝藉由限制圖像崇拜，實則壓制教會勢力、強化中央控制，並試圖以更純粹的信仰形式來凝聚帝國內部，對抗穆斯林與異教徒的挑戰。此外，部分學者指出，圖像製作需仰賴大量金銀資源，而破壞圖像亦可能出於經濟動機，以重分財富與資源配置。

西元787年，由女皇伊琳娜主持的第二次尼西亞大公會議正式恢復聖像崇拜，宣稱圖像為啟發信仰與教育信徒的重要工具。儘管此後仍有短暫的第二次破壞運動，但至843年最終由皇后狄奧多拉恢復聖像地位，並在拜占庭教會中穩固其合法性。

這場歷時超過一世紀的爭端，不僅是神學論辯的延伸，更實質動搖了帝國社會的整體結構。它造成神職人員與政府官僚間的對立，也削弱部分地區對中央政權的忠誠。長遠而言，聖像破壞運動促使拜占庭更加明確界定宗教與政治的權限，亦為東正教在圖像神學上的立場奠定基礎。

聖像破壞運動並非單一宗教事件，而是帝國轉型期文化焦慮與權力重組的集中表現。在圖像之爭的表面下，潛藏的是對帝國存續形式、信仰內涵與政治正當性的深層辯證，為後世理解拜占庭政治宗教結構提供了一個獨特的視窗。

第五節　伊斯蘭世界的挑戰與交戰史

自七世紀起，伊斯蘭勢力以驚人的速度在中東與北非地區崛起，對拜占庭帝國構成了持續數世紀之久的軍事與文化挑戰。這場衝突不僅重塑了地中海世界的政治格局，也迫使拜占庭在軍事、宗教、行政乃至文明認同上做出深刻的調整與回應。

穆罕默德創立伊斯蘭教後，其後繼者哈里發迅速組織軍隊進行對外征服。在歐瑪爾與奧斯曼治下，阿拉伯軍於數十年間接連奪取拜占庭在東地中海的關鍵行省，包括敘利亞、巴勒斯坦、埃及與北非沿岸地區。尤其是埃及的淪陷，不僅斷絕了帝國最重要的糧食供應來源，也象徵著拜占庭對地中海霸權的終結。

在軍事層面上，雙方最激烈的衝突莫過於君士坦丁堡的圍城戰。第一次圍城發生於 674～678 年之間，穆斯林艦隊以海陸並進方式進逼帝都，但最終因拜占庭依賴希臘火的防禦技術與堅固城牆而挫敗。第二次圍城則於 717～718 年間由奧瑪亞王朝發動，然而拜占庭在利奧三世 (Leo III) 的指揮下成功擊退敵軍，再次保住帝國命脈。這兩次成功防衛大大提振了帝國內部士氣，亦使君士坦丁堡被視為基督教世界堅不可摧的堡壘。

第九章　拜占庭的堅守：東帝國的獨存與變形

　　拜占庭對於穆斯林的長期威脅，除軍事應對外，也採取制度性改革。軍區制（theme system）自七世紀後期逐漸成形，使地方將領兼具軍政權力，提高防衛效率，並促進邊疆地區的自給自足。邊境重鎮如奇里乞亞與安納托力亞高原逐漸轉型為軍事堡壘，成為帝國抵禦伊斯蘭勢力的第一道防線。

　　宗教層面上，伊斯蘭教的出現迫使拜占庭進一步鞏固自身基督教認同。神學家與教士加強對異教與異端的辨證與批判，針對穆罕默德的先知地位與《可蘭經》的啟示性展開論戰，發展出一套完整的護教理論體系。這些辯證不僅維護了東正教的教義純正，也加深了東西方宗教分野。

　　雖然衝突為主軸，拜占庭與伊斯蘭世界之間亦存在文化與經濟互動。拜占庭的絲織品、陶器與金屬工藝透過地中海商路流入伊斯蘭市場，而阿拉伯的數學、天文與醫學知識則經由安達盧斯與敘利亞傳入拜占庭學術界。這種競爭與交流並存的現象，反映出兩大文明在對峙之外，亦在默默進行彼此的模仿與學習。

　　長遠來看，伊斯蘭世界的崛起使拜占庭帝國不得不收縮疆域與重新定位自我。從一個橫跨三大洲的多語多信帝國，逐漸轉化為以希臘語與東正教為核心的東方政權。這種內聚與轉型，雖是外在壓力所迫，但亦讓拜占庭得以在日漸險峻的地緣環境中維持相對穩定，並將自身文化內涵轉化為更具深度的精神傳統。

因此，伊斯蘭的挑戰雖為拜占庭歷史中的重大外患，卻也是其自我重塑的關鍵推力。在戰火與論辯之間，帝國不僅保存了自身，亦從危機中鍛造出獨特的文化韌性與信仰堅持，為日後中世紀歐亞文明的發展鋪設重要軌跡。

第六節　軍政一體與主教制度的演化

拜占庭帝國自七世紀以降，面對日益頻繁的外敵入侵與內部動盪，逐步發展出軍政一體的治理架構。這套制度強化軍事實力的同時，也使得地方軍政權力集中於一人之手，對中央集權造成了新的挑戰。與此同時，主教制度在帝國治理中的角色日益重要，宗教權威與世俗權力交織互用，形成拜占庭獨有的政教結構。

軍區制（theme system）的發展，是軍政一體化最具體的展現。在此制度下，軍區總督（strategos）掌握一地軍隊與行政大權，並直接對皇帝負責。軍區的設立，不僅有助於快速動員防衛軍力，更解決了中央對地方管理乏力的困境。然而，此制度也導致地方軍事將領累積龐大權力，一旦中央政權式微，這些將領往往成為獨立政治勢力，進一步加劇帝國分裂風險。

第九章　拜占庭的堅守：東帝國的獨存與變形

　　軍政合一亦改變了帝國對地方的治理模式。傳統文官體系逐步被軍事菁英取代，使得政策推動與稅收徵管更加依賴軍區將領的忠誠與效率。雖提升行政實務操作的彈性與效率，卻也使得地方治理充滿不確定性，一旦將領與皇室意見不合，易引發兵變與叛亂，威脅皇權穩定。

　　與軍政體制同步演化的，則是拜占庭的主教制度。早期教會組織以五大主教轄區（五大牧首區）為核心，包括君士坦丁堡、亞歷山大、安提阿、耶路撒冷與羅馬。然而隨著帝國疆域縮小與伊斯蘭擴張，君士坦丁堡牧首逐漸成為拜占庭教會的實質領袖，權力遠超其他主教。

　　主教的角色不再僅限於宗教儀式，而成為帝國治理的協力者。從政策宣導、司法裁決、軍事動員乃至糧食發放，主教在地方的功能日益擴大，甚至常與軍區總督平行共治。這種政教合一的現象，在政治穩定時有助於凝聚人心，在皇權動搖時則可能演變為教士干政與宗教分裂。

　　帝國中央對主教制度的控制亦非全然穩固。皇帝雖保有任命宗主教與召開宗教會議的權力，然而在具爭議的教義或政策上，往往需仰賴宗教威望來建立合法性。這種互相倚賴卻又潛藏張力的關係，使政教權力在拜占庭歷史中時有交鋒，並為後來東西教會分裂埋下伏筆。

　　在基層社會中，主教與教區神職人員則成為人民與帝國之間的中介。地方教堂不僅是宗教崇拜場所，更負責教育、

救濟與行政登記等功能,深植於民眾日常生活之中。此種制度性的深入,也讓教會在政局動盪時能維繫一定社會穩定,成為拜占庭政治文化中不可或缺的支柱。

總結而言,軍政一體與主教制度的演化,使拜占庭帝國得以在資源匱乏與內外挑戰下保持延續。然而,這種高度集中的軍政架構與宗教依賴,也埋下了權力失衡與制度崩潰的隱患。拜占庭的治理經驗顯示,當軍事與宗教同時成為政治權力的支柱與競爭者,帝國穩定與文化延續便需仰賴更細緻的制度設計與高度的政治智慧。

第七節　貿易、貨幣與城市生活轉型

在連年戰爭與制度重組的夾縫中,拜占庭帝國的經濟與城市生活並未停滯,反而顯現出高度的適應能力與文化韌性。從七世紀至十一世紀,帝國經濟結構歷經劇烈波動,貿易網絡重組、貨幣制度調整與城市功能再定位,共同形塑出一個具有過渡性質的中古都市文明樣貌。

帝國在失去埃及與敘利亞等東部富庶行省後,農業生產重心轉向安納托力亞與巴爾幹地區。這些內陸地區逐漸發展出自給自足的小農經濟,軍區制的推行更強化了軍戶農莊制度,形成以土地為核心的防衛與供給體系。然而,這並不代表商業與

第九章　拜占庭的堅守：東帝國的獨存與變形

城市的消亡，反而因戰略考量與文化延續而重構城市機能。

君士坦丁堡作為首都，仍維持其東地中海的貿易樞紐地位。來自黑海、義大利、阿拉伯與高加索的商隊定期進入城市，帶來香料、絲綢、奴隸與金屬。帝國政府對外貿易採取嚴格監管政策，透過官營市場與稅收制度，保障帝都糧食與物資供應穩定。港口與市集的繁榮不僅支撐了君士坦丁堡的百萬人口規模，更讓其成為東西文化交流的重要舞臺。

貨幣制度的調整則是帝國經濟穩定的關鍵。七世紀後，拜占庭金幣索利都斯（solidus）因戰爭與財政吃緊而逐漸減重，然而皇帝們仍努力維持其純度與信用。八世紀起，銀幣與銅幣的流通量增加，以應對小額交易與地方稅收需求。這種貨幣層級化設計，既有助於控制通膨，也方便市民日常交易，是中古早期經濟理性的展現。

在城市生活層面，拜占庭都市逐漸從古典羅馬的行政中心轉型為宗教、軍事與經濟活動的多功能空間。城牆內外的修道院、教堂、市集與工坊共構出一種以信仰為核心、功能重疊的生活樣式。尤其是在邊防城市如尼西比斯與塞薩洛尼基，城市不僅是軍事要塞，更是工藝生產與地域治理的節點。

城市社會結構亦發生變化。貴族階層日益宮廷化，依附於皇權與教會資源；中產市民階層則在貿易、手工藝與行政體系中找到空間，成為城市穩定的支柱；基層勞動者與農民進入城市多從事臨時性勞務，雖地位邊緣，卻維繫日常機

能。這樣的社會分層,反映出帝國在動盪中仍努力維持秩序與生產力。

值得注意的是,拜占庭城市雖具備繁榮要素,卻非全然自由自治。帝國高度監管市場與工會組織,並將宗教節慶與城市規律緊密結合,形成政治－宗教－經濟三位一體的管理模式。這使得城市不僅是貿易與居住空間,更是皇權展現與信仰秩序的象徵平臺。

總體而言,拜占庭的貿易、貨幣與城市生活在失衡與再平衡之間展現出強大的制度彈性。正是透過這些轉型,帝國得以在外患環伺下保持經濟活力與社會穩定,也讓君士坦丁堡成為中古歐亞文明的關鍵節點之一。

第八節　東西教會的決裂與影響

十一世紀的東西教會大分裂,象徵著基督教世界由統一走向分歧,拜占庭帝國亦因此喪失與西方基督教世界之間的宗教聯繫與政治協調能力。這場分裂不僅是教義爭端的結果,更反映了文化差異、權力鬥爭與歷史積怨的交織,為帝國後期的外交與宗教局勢帶來長遠影響。

東西教會的張力早在數世紀前即已醞釀。語言的差異──拉丁文在西方、希臘文在東方──導致神學詮釋與

第九章　拜占庭的堅守：東帝國的獨存與變形

教義表述的隔閡。教宗與君士坦丁堡牧首在教會首席地位的爭奪亦持續不休，加上對聖神出處（Filioque）教義的爭議，以及教會對聖餐餅使用發酵與否的分歧，皆成為雙方矛盾升高的導火線。

1054 年，教宗利奧九世與君士坦丁堡宗主教米海爾一世（Michael I Cerularius）互相絕罰，宣告雙方正式決裂。這場被稱為「大分裂」的事件，雖有時被視為一時衝突之延伸，實則象徵著東西教會間長久對立的制度化與不可逆轉。拜占庭自此不再能仰賴西方教會的宗教正當性支持，亦難以號召整體基督教世界對抗共同敵人，如日後十字軍東征所示。

分裂的影響不僅限於宗教領域。東西教會分立使拜占庭在外交上陷入孤立，西歐各國逐步形成以教宗為精神核心的政治共同體，而拜占庭則轉向東正教內部強化神祕主義與修道院傳統。教會語言與禮儀也趨於固定，東方教會更為強調象徵性與聖像崇拜，而西方則轉向法理結構與組織化牧靈。

此外，大分裂也加劇了雙方在軍事合作上的猜忌與衝突。特別是在第四次十字軍期間，西歐軍隊竟攻陷君士坦丁堡，建立短暫的拉丁帝國，此一歷史傷痕使東西教會關係雪上加霜，徹底摧毀宗教團結的可能性。

總結而言，東西教會的決裂是拜占庭帝國歷史上的轉捩點，使其在面對外敵與內亂時更加孤立無援。這場分裂不僅拆解了基督教世界的統一性，也為後世宗教與政治的斷裂留下深遠遺緒。

第九節　十字軍與拜占庭的錯綜關係

十字軍運動原為西方基督教世界回應伊斯蘭勢力擴張的宗教戰爭，然而對拜占庭帝國而言，這一連串軍事行動卻是一場錯綜複雜的危機與機遇交錯的歷史進程。拜占庭一方面期望藉由西方援軍對抗穆斯林壓力，另一方面卻逐漸發現這些來自拉丁世界的盟友，實則帶有不同於東方基督教的政治與宗教訴求，最終反而成為帝國瓦解的加速因子。

十字軍運動的起源可追溯至 1095 年教宗烏爾巴諾二世在克萊芒會議上的號召。他呼籲西歐貴族奔赴東方，解救耶路撒冷、保衛基督教聖地，並協助東方教會免於穆斯林統治。拜占庭皇帝阿萊克修斯一世（Alexios I Komnenos）起初對此持謹慎樂觀態度，盼能透過這波西方動員收復安納托力亞失土。然而，雙方在軍事協調、補給調度與地區主權上的認知落差，迅速暴露出彼此根本的分歧。

第一次十字軍雖在拜占庭協助下順利穿越小亞細亞並攻占耶路撒冷，卻也未將收復土地歸還拜占庭，而是另立拉丁諸國於東方，造成帝國外交困境。隨後數次十字軍遠征更加突顯雙方矛盾，特別是第四次十字軍，原本計劃攻擊埃及，卻因債務與政治交易轉而攻陷君士坦丁堡（1204 年），建立短暫的拉丁帝國。

第九章　拜占庭的堅守：東帝國的獨存與變形

這場劫掠不僅造成君士坦丁堡文化與財富的浩劫，也象徵東西教會之間的最終決裂。教堂被洗劫、聖物被劫掠、皇宮被焚毀，象徵著拜占庭文明的轉折點。此後帝國需在尼西亞、特拉比松與伊庇魯斯等地重建權力核心，直到1261年才由巴列奧略王朝重奪首都，但帝國元氣大傷，無法再現往日榮光。

十字軍與拜占庭的關係揭示出西歐封建貴族與拜占庭皇權文化的深層衝突。西方重視個人榮譽與軍功封賞，東方則強調中央集權與禮儀制度；西方視教宗為精神領袖，東方則以皇帝為政教共治的主體。這種制度與價值觀落差，使雙方即使有共同信仰，亦難形成持久合作。

然而，不可忽視的是十字軍也為拜占庭帶來某些短暫契機。部分地區透過軍事援助收復失地，亦曾因經濟貿易與文化交流帶來新技術與觀念。威尼斯人與熱內亞人在東地中海貿易的擴張，促使拜占庭城市經濟一度繁榮，但同時也加深對外來勢力的依賴與內部資源分配的矛盾。

總而言之，十字軍運動為拜占庭帶來的是一種雙面性遺產：一方面作為潛在盟友，協助帝國短期內遏止伊斯蘭勢力；另一方面則因文化隔閡與利益衝突，最終演變為直接威脅。這段歷史成為拜占庭政治外交的最大教訓，也映照出基督教世界內部統一夢想的幻滅與現實權力博弈的殘酷。

第十節　延命與回光返照的最後黃金期

拜占庭帝國在 1261 年重奪君士坦丁堡後，進入歷史上最後一段短暫卻燦爛的復興時期。巴列奧略王朝 (Palaiologos dynasty) 在名義上恢復了帝國統一，然而實質上的軍事與財政基礎已大不如前。這段時期可視為拜占庭的「回光返照」，一方面展現文化藝術的新高峰，另一方面也無法挽救帝國逐步走向終結的命運。

米海爾八世 (Michael VIII Palaiologos) 於 1261 年從拉丁人手中收復首都，並致力於重建城市、防禦工事與宮廷機構。他一方面與義大利諸城邦展開外交斡旋，一方面試圖修復與西方教會的裂痕，以換取軍事援助。然而此種妥協政策在東方教會內部引起極大反彈，特別是在 1285 年後，其子安德洛尼卡二世 (Andronikos II) 即宣布放棄與羅馬教宗的聯合，重申東正教獨立。

儘管政治局勢不穩，拜占庭在文化領域仍展現非凡活力。巴列奧略文藝復興 (Palaiologan Renaissance) 帶動哲學、繪畫、建築與文學的復興。學者如卜列東 (Plethon) 與修士們重新詮釋希臘經典，聖像畫風格亦趨向更為靈動與神祕。修道院成為文化中心，保存古籍、推廣教育，維持知識傳承鏈條。

第九章　拜占庭的堅守：東帝國的獨存與變形

但帝國疆域已大幅萎縮。安納托力亞大部分已被土耳其諸侯占據，尤其鄂圖曼土耳其的興起對帝國形成致命威脅。拜占庭無力組建有效防線，僅能依賴義大利城邦的艦隊援助與政治妥協。內部亦因皇位繼承糾紛與貴族分裂而損耗國力，無法有效整合資源。

十四世紀末至十五世紀初，君士坦丁堡形同孤島，被鄂圖曼人包圍。儘管最後一位皇帝君士坦丁十一世（Constantine XI）竭力籌募軍備，並尋求西方支援，但在 1453 年，鄂圖曼蘇丹穆罕默德二世（Mehmed II）發動圍城戰，最終攻破君士坦丁堡，拜占庭帝國正式終結。

然而，這並非文化的終點。拜占庭知識份子流亡義大利，帶動西方文藝復興運動的興起。希臘語典籍、神學論述與繪畫技術紛紛傳入拉丁世界，成為連結古典與近代的橋梁。拜占庭的最終消逝，反而開啟另一文明傳承的起點。

因此，拜占庭最後黃金期既是帝國意志延續的見證，也展現出文明在極限下的創造力與文化張力。這段歷史說明，即使國力式微，文化與信仰仍可超越政權本身，延續於更廣闊的歐亞文明版圖之中。

第十章
萬古流傳：
羅馬文明的餘緒與啟示

第十章　萬古流傳：羅馬文明的餘緒與啟示

第一節
《查士丁尼法典》對歐洲法治的啟迪

《查士丁尼法典》(*Corpus Juris Civilis*)是羅馬法制遺產最具象徵性且影響最深遠的結晶。由東羅馬皇帝查士丁尼一世於六世紀中葉下令編纂，其目的不僅在於整合過往數世紀間繁雜的法律與註釋，更在於塑造一套可延續皇權與帝國秩序的法律體系。此一法典雖源於拜占庭，卻在中世紀晚期至近代於西歐復興，進而成為現代歐洲法治文明的基礎典範。

《查士丁尼法典》分為四部份：法學彙編(Digest)、法學總論(Institutiones)、新法彙編(Novellae Constitutiones)與法典(Codex Justinianus)。其中《法學彙編》彙整了自共和時期至帝制時代諸多法學家的見解與註釋，而《法學總論》則為法學生的教科書，系統介紹羅馬法之基本原則。《新法彙編》則記錄查士丁尼本人的法令頒布，而《法典》則統整過往歷代皇帝的成文法規。

這套法典在拜占庭境內的運作雖然逐步邊緣化，但在拉丁西歐卻因歷史機緣而重獲新生。十一世紀，義大利波隆那大學法學院的興起，促使羅馬法典重新進入學術與司法實務核心。法學家如伊爾內留斯(Irnerius)與後來的注釋學派(Glossators)透過注解、教學與實務操作，使《查士丁尼法

第一節　《查士丁尼法典》對歐洲法治的啟迪

典》逐步滲入日耳曼、法蘭西與英格蘭等地之法律文化。

羅馬法的邏輯結構、概念分類與程序設計，對於中世紀法律復興與現代法學教育具有深遠影響。特別是財產權、契約法、婚姻與繼承制度中的概念設計，為封建社會提供一種超越傳統習慣法的理性法源。日後歐陸各國之《民法典》，如拿破崙法典與德意志民法典，皆可見《查士丁尼法典》的深刻影子。

此外，《查士丁尼法典》的復興不僅限於技術性法律文本，更象徵一種法治理想的回歸。在絕對王權與教權共治的中世紀背景中，羅馬法提供一種超越個人意志、強調普遍原則與理性秩序的法律觀。這種觀念日後成為近代自然法與憲政主義之發端，對人權、司法獨立與國家治理理念發生持久影響。

值得注意的是，《查士丁尼法典》不單純是靜態的文獻，而是一個歷經詮釋與再生產的法律文化。透過大學、法庭與政治實踐，它成為跨越時空與語境的連結節點。正如歷史學者岡薩雷斯（Peter Stein）所言：「羅馬法之所以偉大，不在於其原始形式，而在於其被不斷重新詮釋與活化的歷史能量。」

總結而言，《查士丁尼法典》是一道貫穿古代與現代、東方與西方的法律橋梁。它在拜占庭孕育，卻在西歐開花結果，成為歐洲法治精神的重要根基。其影響跨越政權更迭與語言疆界，展現出羅馬文明之深層力量——不僅存於軍事與建築的宏偉，更植根於秩序與正義的理念之中。

第十章　萬古流傳：羅馬文明的餘緒與啟示

第二節　羅馬建築與工程美學的傳承

羅馬文明之所以能夠持續對後世產生深遠影響，其物質文化中最具代表性的即是建築與工程技術的卓越表現。從宏偉的公共浴場與競技場，到功能複雜的高架水道與道路系統，羅馬人不僅以實用為導向，更展現出對結構、比例與空間美感的高度整合能力。這種融合功能與形式的建築哲學，不僅在古典時代獨樹一格，亦成為中古與近代西方建築發展的重要源頭。

羅馬建築的根本特色，在於其空間掌控能力與建材創新。拱頂、穹窿與混凝土的廣泛運用，使羅馬能建構出超越希臘梁柱體系的龐大結構。萬神殿（Pantheon）以其巨大的無梁圓穹與完美比例，至今仍為古典建築工藝的象徵；而羅馬競技場（Colosseum）則結合階梯式觀眾席、拱廊立面與可調遮陽布幕，展現前所未見的觀演空間管理。

除城市建設外，羅馬人亦重視基礎設施的普及與永續。其鋪設逾八萬公里的道路網絡，貫通帝國疆域，對軍事行動與商貿流通產生關鍵作用；高架水道系統則透過重力原理，將山間水源引入城市，支撐公共浴場、噴泉與私人住家日常用水。這些設施展現出羅馬工程之系統性與長效性，許多仍存續至今日歐洲都市之下層結構中。

羅馬建築風格在中世紀雖因政權更迭與信仰轉型而中斷，但其空間語彙與構造邏輯，透過基督教教堂建築得以延

第二節　羅馬建築與工程美學的傳承

續。羅馬式教堂以厚牆、拱門與圓頂為特徵，直接承襲古羅馬技術基礎。至文藝復興時期，建築師如布魯內萊斯基（Brunelleschi）與米開朗基羅（Michelangelo）更進一步重新詮釋羅馬古典語彙，創造聖彼得大教堂與佛羅倫斯圓頂等代表性建築，推動古典復興。

十八至十九世紀的古典主義運動，則將羅馬建築美學帶入現代國家象徵與公共建設之中。美國國會大廈、巴黎萬神殿與倫敦大英博物館等建築，皆以羅馬式柱式、圓頂與對稱比例為核心設計語言，成為現代民主政體與文化機構空間形象的象徵。這種對秩序、尊嚴與歷史感的追求，使羅馬建築風格在近現代依然充滿生命力。

此外，羅馬工程理念亦深刻影響現代土木與都市計畫。標準化道路模組、橋梁建造技術與基礎設施整體規劃的概念，皆可追溯至羅馬工程實踐。學者如維特魯威（Vitruvius）所著《建築十書》，成為西方建築教育的重要經典，指導後世對建築比例、美感與實用的綜合思維。

總結而言，羅馬建築與工程不僅為古代世界鋪設秩序與連結，更經由多重文化斷層與復興運動，持續影響西方空間想像與公共結構實踐。其核心價值在於將技術與美學結合，創造出可持續、富象徵性且具人本關懷的建築環境，成為文明延續與革新之橋梁。

第十章　萬古流傳：羅馬文明的餘緒與啟示

第三節　拜占庭文學與學術的西傳之路

拜占庭帝國作為東羅馬的延續，不僅保存了古典希臘－羅馬的語言與知識遺產，更在中世紀歷史長河中扮演知識轉運與文明橋梁的角色。特別是在西歐尚處於封建碎裂與文化斷層之際，拜占庭的學術活動、文獻整理與語言教育持續運作，為古典文學、神學、哲學與歷史知識的保留與再輸出奠定基礎。

拜占庭的文學傳統承襲古典希臘語體系，重視修辭與歷史書寫，並以聖經釋義、教父文集與史詩改寫為核心內容。詩人如羅曼努斯（Romanos the Melodist）將神學內涵以詩歌方式表達；史家如普羅科匹厄斯（Procopius）與安娜．科穆寧娜（Anna Komnene）則記錄宮廷與戰爭歷史，展現對政治敘事與修辭技巧的高度掌握。這些文本兼具文學價值與思想深度，是後世研究東方羅馬社會的重要窗口。

此外，拜占庭學術活動高度集中於宮廷與修道院網絡，尤其以首都君士坦丁堡的大學與修院為知識核心。編年史、聖經釋義、希臘哲學注疏與醫學典籍皆在此持續編纂與抄寫，使得希臘語文獻未曾中斷於東方世界。這種知識再生產的體系，保障了古典精神在政局動盪下仍得以保存。

十一世紀以降，隨著十字軍運動、東西文化交流與拜占庭士人向西移動，這些文本與思想開始輸入西歐學術圈。特

第三節　拜占庭文學與學術的西傳之路

別是在 1453 年君士坦丁堡陷落後，大量拜占庭學者遷徙至義大利，帶著珍稀手稿與語言知識進入人文主義重鎮如佛羅倫斯、威尼斯與羅馬。這些人如曼努埃爾·赫里索洛拉斯（Manuel Chrysoloras），不僅教授希臘文，更引介柏拉圖、亞里斯多德、普羅提諾與醫學、數學文獻，引發學界重新認識希臘傳統。

拜占庭文學與學術的傳播直接促成文藝復興對古典的再發現，也間接建立起近代歐洲大學對語言、邏輯與文史哲的重視。印刷術出現後，拜占庭抄本迅速出版為印刷書籍，進一步打破語言壟斷，使知識得以廣泛流通。柏拉圖學派的復興、經院哲學的擴展，皆有賴於拜占庭學者對文獻的保存與教學貢獻。

這段知識流動不僅改變歐洲文化視野，也使拜占庭由一「邊緣帝國」轉化為文明資源之庫。其語言、思想與文學風格不僅進入拉丁世界，更為歐洲形塑自身古典身分提供素材與典範。東方不再只是聖地或異教之地，而成為智慧與古典的源泉，其歷史角色因而獲得重新定位。

總結而言，拜占庭文學與學術的西傳是一場橫跨地域與時代的文化接力。它讓古典文明得以穿越帝國崩壞與宗教分裂，進入一個嶄新而多元的思想場域，成為歐洲思想復興與教育制度建構的隱形基石，見證知識如何超越疆界，持續發揮文明塑形之力。

第十章 萬古流傳：羅馬文明的餘緒與啟示

第四節 羅馬精神與西方政治理論

羅馬帝國不僅是政治與軍事強權，其深層精神資產亦為後世西方政治理論奠定根基。這套「羅馬精神」涵蓋對法治、公民責任、共和體制與國家秩序的觀念，經歷中古遮蔽與文藝復興再發現後，逐步轉化為現代國家政治哲學的核心基礎。

共和時期的羅馬政治實踐，創造出元老院與公民大會並存的混合政體模式。西塞羅（Cicero）強調法律至上與公民德性，其政治演說與哲學著作成為後世理想共和理念的原型。這種制度不僅鼓勵公民參與，也強化國家權力與個人義務之間的平衡，為現代民主與憲政制度提供早期藍圖。

帝制時期雖削弱共和實務，卻透過法典化與軍政體制強化中央集權，形塑日後「國家機器」概念。奧古斯都所建立的元首制（principate）巧妙融合共和形式與帝王實權，使君主統治合法性不再依賴神授，而轉向行政能力與法律秩序。這樣的轉化，在中世紀王權理論與國家統治思想中占有重要地位。

羅馬對法與秩序的崇敬，在中世紀歐洲透過教會與王室轉譯，並在文藝復興後重新獲得關注。馬基維利（Niccolò Machiavelli）在《李維論》中以羅馬共和作為政治實踐與國家強化的典範，主張政治權力須在制度與歷史經驗中尋求合法性。其現實主義觀點與古典羅馬交織，深刻影響後來政治理

第四節　羅馬精神與西方政治理論

論如霍布斯與盧梭對國家主權的理解。

羅馬精神也影響了對「公民身分」的定義與實踐。從羅馬公民的法律保障與軍役義務，到現代國民的選舉權與納稅義務，均可見其制度性延續。尤其在近代國家興起後，對公民身分的界定、憲政原則與權力制衡制度設計，皆受羅馬法與共和傳統深遠影響。

啟蒙時代思想家如孟德斯鳩（Montesquieu）與哈林頓（James Harrington）亦大量引用羅馬歷史與制度範例，探討自由與秩序的平衡。美國憲法制定者如麥迪遜與漢彌爾頓在《聯邦黨人文集》中多次引用羅馬例證，企圖在新興共和政體中再現古羅馬對法與德性的雙重堅持。

在象徵層面，羅馬精神更成為現代國家的文化象徵與正統來源。從法國大革命的共和語彙到美國國會建築風格，皆取材於羅馬公共語境與空間形象，強調國家作為法律與公民精神的具體展現。

總體而言，羅馬精神不僅塑造帝國治理的內在邏輯，更透過歷史記憶與思想傳承，轉化為西方政治理論的共同語言。它提供一種跨越時代的政治倫理框架，使國家不僅是統治技術的機器，更是公民德性、法治信仰與制度穩定的綜合表現。

第十章　萬古流傳：羅馬文明的餘緒與啟示

第五節　教會組織對中世紀社會的塑形

在西羅馬帝國滅亡後，教會組織迅速填補政治真空，成為中世紀歐洲最具整合力與穩定性的社會結構。其層級化體系、文化教化功能與慈善事業網絡，使教會不僅是一種宗教權威，更成為維繫地方社會、教育制度與倫理秩序的中樞機構。

羅馬主教，即教宗（Pope），逐漸擴大其對西方教會的控制權，形塑出超越地域政權的精神領導地位。從格里高利一世（Gregory I）開始，教宗不僅介入教義辯論，也積極調停君主間的衝突，甚至直接任命世俗統治者。這樣的雙重角色，使教會成為跨王國的政治斡旋者與道德裁判者。

在地方層級，教區主教與修道院長則負責地方教化與日常治理。修道院依循本篤會（Benedictine）規章，成為知識保存、農業推廣與醫療照護的中心。僧侶與修女不僅是宗教人員，也是教育工作者與社會服務者，他們的勞作與抄寫活動維繫了拉丁文文獻與古典文化的延續。

教會亦掌握中世紀最重要的文化生產與教育權力。主教座堂學校與修道院學校是教育的主要場所，後來逐漸發展為大學體系。神學、哲學與法學成為學術主軸，並以拉丁文為知識傳遞語言，使歐洲上層知識菁英形成跨地域的學術共同體。

第五節　教會組織對中世紀社會的塑形

在道德與社會行為規範上，教會制定婚姻、繼承、財產捐獻等規則，深刻介入日常生活。聖禮制度 —— 包括洗禮、婚禮、彌撒與懺悔 —— 成為人生重要階段的儀式框架，使信仰與社會秩序高度整合。此外，教會透過懺悔與贖罪制度，引導個人內省，並以煉獄與來世概念調和社會不平等，引發心靈救贖與倫理自律之間的緊密連結。

慈善與醫療方面，教會建立大量施濟機構與教會醫院，救濟貧弱與流浪者。這些服務提升教會在群眾中的正當性與影響力，亦使其在疫情與戰亂中維持社會基本功能。許多城市的公共設施如收容所與療養院皆起源於教會組織的社會功能擴張。

然而，教會的擴權也伴隨爭議與挑戰。其在財富與土地的累積，引發世俗君主與地方貴族的不滿；而神權與王權的對立，從嘉諾撒之行到亞維農教廷，皆突顯其在政教關係中的雙重角色與權力張力。

總結而言，中世紀教會組織不僅承襲羅馬行政體系的結構特質，更透過信仰體系、文化生產與社會實踐深植於歐洲社會基底。其功能橫跨靈魂與肉體、知識與救濟、治理與象徵，成為中世紀社會塑形的關鍵中樞。

第十章　萬古流傳：羅馬文明的餘緒與啟示

第六節　羅馬與伊斯蘭世界的文化交會

羅馬文明與伊斯蘭文明的互動，雖始於衝突，卻在漫長歷史進程中逐漸演化為文化、科技與思想的交流場域。從七世紀伊斯蘭勢力崛起後，地中海世界進入一種多文明接觸與競逐的新格局。羅馬－拜占庭世界與阿拉伯帝國之間的文化交會，不僅重塑地中海政治與宗教地圖，也開啟知識、語言與藝術的跨文明流通。

首先在知識傳承層面，伊斯蘭世界廣泛吸納並翻譯希臘－羅馬哲學與科學著作。哈里發馬蒙（al-Ma'mun）於巴格達設立「智慧之家」（Bayt al-Hikma），組織學者翻譯亞里斯多德、加倫（Galen）與托勒密（Ptolemy）等羅馬時期經典，使這些文本進入阿拉伯語文化系統。透過此一翻譯運動，古典邏輯學、醫學與天文學得以在伊斯蘭文明中延續與深化，並最終由安達盧西亞與西西里等地再輸入西歐，促成日後的文藝復興與科學革命。

其次，在藝術與建築層面，拜占庭藝術風格對伊斯蘭早期清真寺建築產生深遠影響。馬賽克裝飾、圓頂結構與建材運用皆可見於大馬士革奧瑪亞清真寺與耶路撒冷的圓頂清真寺。拜占庭匠師與建築師亦參與伊斯蘭宮殿與公共建築工程，使羅馬工程知識在新的宗教語境下獲得轉化與實踐。

第六節　羅馬與伊斯蘭世界的文化交會

商業與貨幣系統方面，羅馬以來的度量衡與貨幣體系亦被阿拔斯王朝部分採納與調整。貿易網絡橫跨東地中海、紅海與波斯灣，使得希臘與羅馬產地的商品、手工藝與農業技術進入伊斯蘭世界。同時，阿拉伯數字、造紙術與香料亦沿途傳入拜占庭與西歐世界，顯示雙方雖為政敵，卻在物資與技術上形成互賴結構。

在哲學與宗教思想層面，伊斯蘭哲學家如阿威羅伊（Averroes）與伊本・西那（Avicenna）重釋亞里斯多德體系，並融合伊斯蘭教義，形成「伊斯蘭亞里斯多德主義」。這種哲學體系後來透過猶太與基督教學者的中介進入西方，影響托馬斯・阿奎那與經院哲學傳統。羅馬的理性精神與伊斯蘭的啟示思維在此交錯，孕育出多元哲學景觀。

值得注意的是，這種文化交會並非單向接受或簡單繼承，而是一種經過翻譯、轉化與批判吸收的過程。拜占庭自身亦在與伊斯蘭世界的競爭中調整對古典傳統的詮釋策略，強化正統神學、圖像政策與軍政體制，反映文明對抗與互補之間的張力。

總結而言，羅馬與伊斯蘭世界的文化交會證明文明間的競爭不必然導向毀滅，也可孕育創新與再生。正是在宗教異同與知識交流的夾縫中，羅馬文明的遺緒得以延伸至非基督教世界，並最終回流西方，成為世界文明對話與融合的經典範例。

第十章　萬古流傳：羅馬文明的餘緒與啟示

第七節　文藝復興中的古典回音

　　文藝復興時期的歐洲，不僅是藝術與科學的再生，更是一場對古典文化記憶的重新召喚。羅馬文明，作為西方歷史中最具象徵性的古代典範，其語言、制度、藝術與哲學，在文藝復興的思想框架中被重新發現與詮釋，構成整個時代文化建構的核心回音。

　　在語言與文學領域，文藝復興人文主義者以拉丁文與希臘文為尊，重返古典文獻以追尋語言之純粹與修辭之典雅。佩脫拉克（Petrarch）與薄伽丘（Boccaccio）致力於發掘與整理古羅馬文獻，將西塞羅、維吉爾與李維的作品重新引入學術圈，並透過手抄與印刷讓知識得以廣傳。這一波文學復興不僅復甦古代文本，也重塑文體標準，並激勵後世創作以古人風格為典範。

　　在建築與藝術方面，羅馬建築元素 —— 如圓頂、柱式與拱門 —— 成為文藝復興建築語彙的主幹。布魯內萊斯基在佛羅倫斯大教堂重現古羅馬圓頂工程，米開朗基羅則在聖彼得大教堂中融合羅馬與基督教元素，象徵古典與信仰的和諧統一。雕刻與繪畫也回歸對人體比例與自然之再現，正如羅馬雕像所展現的理性美學。

　　法學與政治思想亦受羅馬影響。馬基維利的《君王論》與《李維論》直接援引羅馬歷史為治國理論範式，試圖從羅馬共

第七節　文藝復興中的古典回音

和與帝制中提煉出永續政體的原則。這種從歷史經驗中尋找政治教訓的方式，開啟一種實證政治學的雛形，對近代國家理論與統治正當性論述具有深遠影響。

　　羅馬哲學，特別是斯多噶主義與亞里斯多德主義，在文藝復興時期亦被重新發掘。學者如皮科·德拉·米蘭多拉（Pico della Mirandola）與馬爾西利奧·費奇諾（Marsilio Ficino）企圖將基督教神學與古典哲學調和，發展出新柏拉圖主義思維，將人類尊嚴、自由意志與理性提升為宇宙秩序的核心。

　　更重要的是，羅馬法律體系與治理觀念成為歐洲現代法治制度的基礎。文藝復興時期的法學研究重新整理《查士丁尼法典》，並透過各地大學法學院制度化教學，奠定現代民法體系的理論結構與概念分類。

　　文藝復興中的羅馬回音，並非單純模仿古代形式，而是在歷史斷裂中對秩序、理性與人性價值的再定位。這種文化自覺不僅重建西方文明的古典根基，更提供對當代政治混亂與宗教分裂的回應策略，成為歐洲近代轉型的精神資本。

　　總結而言，羅馬在文藝復興中的回音，是一場古典精神的重生。它橫跨語言、藝術、哲學與法律，成為現代西方文明的深層結構。這不僅是一段文化復興史，更是一場歷史記憶的建構工程，彰顯文明如何透過回望過去而重塑未來。

第十章　萬古流傳：羅馬文明的餘緒與啟示

第八節　歷史學的羅馬敘事模式

羅馬文明遺緒中最具啟發性的一環，即是其對歷史書寫方式的深遠影響。羅馬人不僅以歷史為記錄事件的工具，更將其視為政治教育、道德教化與國族認同的建構手段。這種敘事觀不僅於古代盛行，也在中世紀與近代歐洲史學中繼續發酵，最終形成西方歷史學之基本範式。

古羅馬歷史學以李維（Livy）與塔西佗（Tacitus）為代表，他們皆強調歷史乃公共倫理與國家命運之鏡。李維的《羅馬史》鋪陳共和以來的崛起歷程，強調公民德行與制度演進；塔西佗則透過對帝制暴政的批判，表現歷史作為政治良知的角色。這種以國家為敘事主體、交織人物道德與制度批評的方式，成為日後歐洲史學的重要典範。

此一敘事模式在拜占庭獲得延續。學者如普羅科匹厄斯（Procopius）融合歷史事實與宮廷評論，在記述查士丁尼朝政績與瑕疵時，展現出政治史與文化史的交織視角。其《祕史》與《戰爭史》不僅記錄事件，更在敘述中展現作者評判與觀點，展現歷史書寫之批判性與文學性。

文藝復興與啟蒙時代的史學家重新擁抱羅馬敘事傳統。馬基維利在《李維論》中仿效李維筆法，將歷史用於探討政體演變與社會動力。布丹（Jean Bodin）與伏爾泰等人亦引用羅

第八節　歷史學的羅馬敘事模式

馬模式，企圖透過歷史闡釋制度演變與文化理念。歷史在此不僅是回顧，更是預警，是為未來建立理性制度之鏡鑑。

此一模式也影響近現代國家編史與歷史教育。十九世紀的民族國家建構過程中，歷史書寫普遍以羅馬式史學為範本，強調國家起源、英雄人物與制度發展之線性敘事。德國歷史學派如蘭克（Leopold von Ranke）雖主張「如實記錄歷史」（wie es eigentlich gewesen），但其結構與敘述觀仍脫胎於羅馬史學對事件因果與人物動機之鋪陳方式。

甚至在當代，羅馬敘事模式仍影響公共史學與媒體歷史再現。電影、小說與紀錄片中常見以國家命運、道德抉擇與權力轉折為主軸的敘事手法，其歷史想像明顯帶有古典史學的結構遺緒。

然而，這樣的敘事也帶來局限。例如對多元族群、女性與非國家角色的邊緣化，顯示羅馬式史學在建構宏大敘事時對特定群體之排除。當代歷史學者開始反思這類結構，轉而擁抱更開放、多聲的敘事框架。

總結而言，羅馬的歷史敘事模式以其倫理導向、國家視角與批判潛力，深刻形塑西方歷史書寫的基本結構。即使在今日，其影響仍隱約存在於歷史呈現的形式與內容中，提醒我們歷史不僅是過去的記錄，也是價值的投射與未來的引導。

第十章　萬古流傳：羅馬文明的餘緒與啟示

第九節
《羅馬帝國衰亡史》與吉朋的批判

十八世紀英國歷史學家愛德華‧吉朋（Edward Gibbon）所著《羅馬帝國衰亡史》（*The History of the Decline and Fall of the Roman Empire*），被廣泛視為西方歷史學的里程碑之作，其敘事深受古典羅馬史學傳統啟發，卻又植基於啟蒙時代的理性批判精神，對羅馬帝國衰亡的探討，不僅揭示歷史因果鏈條，更反映了十八世紀對文明、宗教與權力的深層思索。

吉朋以宏觀視角描繪自二世紀末至十五世紀拜占庭滅亡之間的歷史跨度，試圖回答一個核心問題：為何一個如此強盛的帝國會逐步崩潰？他將注意力放在制度腐敗、軍事鬆散、宗教因素與文化衰退等多重層面，建構出一種橫跨千年的「文明衰頹敘事」。

其中最具爭議的，莫過於他對基督教興起所造成的社會變化的批判。吉朋主張，基督教削弱了羅馬公民對國家的責任感，使信仰轉向來世與苦難容忍，導致公民義務與軍事士氣的低落。此外，教會日益膨脹的財富與權力，更與羅馬原有的公共德性形成對立。他的敘述雖遭當時宗教界猛烈抨擊，卻也開啟後世以社會結構與文化變遷角度分析歷史的風氣。

第九節　《羅馬帝國衰亡史》與吉朋的批判

　　吉朋之所以具開創性，在於他結合敘事歷史與分析框架。他採用大量原始文獻，並融入文學筆法，使其書作不僅內容豐富，亦具高度閱讀性。他對因果關係的鋪陳與批判語調，展現啟蒙時代信奉理性與人類行動決定歷史走向的思想。

　　其對拜占庭帝國的負面評價亦具代表性。他視東羅馬為一個形式上延續、實則早已失去羅馬精神的政權，認為其官僚體制、神權干政與文化封閉，無法承載古典文明的核心價值。這樣的觀點雖飽受當代學者修正主義批評，但其對拜占庭「衰弱論」的影響持續至今，深刻左右歐洲對東方帝國的想像與評價。

　　更值得注意的是，吉朋對歷史書寫本身亦具高度自覺。他在書中數次反思歷史學者的角色與責任，主張歷史不僅是事件陳述，更是道德與理性價值的傳遞。這種姿態使《羅馬帝國衰亡史》超越單一史事紀錄，而成為文明觀察的經典文本。

　　總體而言，《羅馬帝國衰亡史》不僅提供了一套解釋帝國崩潰的多元理論，也奠定西方歷史敘事中對文明興衰的想像模型。吉朋以其文學語言、理性批判與廣博知識，使羅馬不只是過去的帝國，更成為思想辯證與歷史自省的永恆對象。

第十章　萬古流傳：羅馬文明的餘緒與啟示

第十節
羅馬遺緒在當代世界秩序中的陰影與光芒

即便帝國已然覆滅，羅馬文明的遺緒仍以各種形式滲透至當代國際秩序的結構之中。從法治原則、城市治理、軍事戰略到象徵性建築風格，羅馬不只是歷史的標誌，更是現代國家自我想像與制度實踐的無形根基。其影響既有啟發性的光芒，也潛藏著帝國思維的陰影。

首先，羅馬的法治精神深植於現代憲政民主國家的基礎中。無論是拉丁語系國家的民法典，抑或英美法系對法律程序的重視，其制度設計與語言多可追溯至羅馬法之精神架構。公民的平等、契約的神聖與法律的至上，構成當代法律文化的三大支柱，其邏輯與語彙無不滲透著古羅馬立法與司法的理性傳統。

其次，羅馬對公共空間與城市治理的重視，也成為當代都市規劃與基礎建設的重要參照。現代城市中規模龐大的市政廳、法庭與體育場，皆可視為對羅馬式功能性與象徵性建築的延續。其講求秩序、對稱與紀念性的設計理念，不僅展現政治權威，也鞏固社會秩序與集體認同。

此外，羅馬軍事傳統亦影響現代國家對戰爭、邊界與秩序的想像。從兵役制度、軍團組織到邊境治理，許多現代軍

第十節　羅馬遺緒在當代世界秩序中的陰影與光芒

政結構仍汲取自羅馬的經驗。更重要的是，羅馬透過「文明對野蠻」的二元觀，形塑了一種中心－邊陲的帝國思維，這種思想仍殘存於當代國際關係與文明論述之中。

然而，羅馬遺緒在當代亦投下陰影。對帝國擴張、霸權治理與文化優越的想像，常被無意中內化於西方主流政治與學術論述中。冷戰期間美國以「羅馬和平」為模式重塑全球秩序，歐盟亦多次援引「新羅馬」理念作為文化統合象徵。這些現代帝國願景雖帶有法治與整合的理想，但也潛藏對多元文化之壓制與地緣不平等的再生產。

更進一步，羅馬對歷史的敘事方式——強調中心英雄、制度穩定與文化傳承——雖有助建立國族認同，卻也容易排除異見、忽視邊緣群體與歷史斷裂。當代歷史書寫若不對此反思，便可能重複以往的權力再製邏輯。

儘管如此，羅馬精神仍為現代社會提供了一套面對無序與衝突的制度想像。特別是在全球化挑戰民主治理與國家穩定之際，羅馬的行政理性、公民參與和法律結構，依然具備實用啟發價值。正如學者摩西斯‧芬利（Moses Finley）所言：「羅馬的教訓不在於它的擴張，而在於它如何在多元與衝突中尋求制度化的穩定。」

總結而言，羅馬遺緒並非靜止的遺產，而是一種活在制度、語言、象徵與治理技術中的隱形力量。它既構成當代世

第十章　萬古流傳：羅馬文明的餘緒與啟示

界秩序的文化記憶與治理模板，也提示我們警覺帝國夢與文明中心主義的陰影。唯有在光芒與陰影間反覆辨識與對話，方能真正理解羅馬在現代的角色，並從中獲取超越歷史的洞察。

第十節　羅馬遺緒在當代世界秩序中的陰影與光芒

國家圖書館出版品預行編目資料

帝國的最後時辰——皇權膨脹下的制度裂痕：權力失衡、體系潰散、文化分裂，內部矛盾如何讓羅馬走向自我毀滅 / 謝奕軒 著. -- 第一版. -- 臺北市：山頂視角文化事業有限公司，2025.08
面；　公分
POD 版
ISBN 978-626-7709-33-7(平裝)
1.CST: 羅馬帝國 2.CST: 歷史
740.222　　　　　　114010256

電子書購買

爽讀 APP

臉書

帝國的最後時辰——皇權膨脹下的制度裂痕：權力失衡、體系潰散、文化分裂，內部矛盾如何讓羅馬走向自我毀滅

作　　者：謝奕軒
發 行 人：黃振庭
出 版 者：山頂視角文化事業有限公司
發 行 者：山頂視角文化事業有限公司
E - m a i l：sonbookservice@gmail.com
粉 絲 頁：https://www.facebook.com/sonbookss/
網　　址：https://sonbook.net/
地　　址：台北市中正區重慶南路一段 61 號 8 樓
8F., No.61, Sec. 1, Chongqing S. Rd., Zhongzheng Dist., Taipei City 100, Taiwan
電　　話：(02) 2370-3310　傳　　真：(02) 2388-1990
印　　刷：京峯數位服務有限公司
律師顧問：廣華律師事務所 張珮琦律師

-版權聲明-

本書作者使用 AI 協作，若有其他相關權利及授權需求請與本公司聯繫。
未經書面許可，不可複製、發行。

定　　價：350 元
發行日期：2025 年 08 月第一版
◎本書以 POD 印製